입사한 김에
일잘러 되기

입사한 김에
일잘러 되기

이은채 지음

두드림미디어

프롤로그

인공지능이 사람의 일을 수행하는 AI 시대의 초입입니다. 직장의 주요 업무에서도 AI 프롬프트와 자동화 기능을 얼마나 잘 활용하느냐가 결과물의 차이를 만들고 있습니다. 하지만 아무리 세상을 바꾸는 AI라도 우리의 직장생활을 전부 해결해주지는 못합니다. 그중에서도 초보 직장인들이 겪는 고된 하루하루는 퇴근길의 발걸음을 무겁게 하고, 내일에 대한 불안으로 잠 못 들게 합니다.

신입사원이 된다는 것은 새로운 입사만을 의미하지 않습니다. 새로운 규칙에 적응하고, 맡은 일을 익히며, 새로운 관계를 형성해나가는 모든 과정을 의미합니다. 이 여정은 예상치 못한 어려움과 도전으로 가득합니다. 많은 직장인들이 이 과정에서 고민과 갈등을 경험하지만, 이는 동시에 가장 중요한 성장의 시기가 되기도 합니다. 이 책은 그러한 성장 과정을 후배들이 조금 더 여유롭게 극복하고, 일잘러로 성장할 수 있도록 돕고 싶은 마음에서 시작됐습니다.

일잘러란 '일을 잘하는 사람'입니다. 그러나 조금 더 확장된 의미로 보면 일잘러는 좋은 업무 습관을 갖춘 사람이고, 직장생활을 잘하는 사람입니다. 업무 실력이 비슷할 때, 신뢰와 호감을 얻고, 효과적으로 소통하며, 존재감을 어필할 줄 아는 사람이 일잘러로 인정받습니다. 이를 위해 제가 전하고 싶은 이야기를 6개의 장으로 구성했습니다. 지금까지 익혀온 경험을 바탕으로, 직장생활의 다양한 측면에서 꼭 알고 실천해야 하는 포인트와 실질적인 팁을 담았습니다.

1장은 선하고 배려심 많은 직장인이 스스로를 지키고, '나다움'을 찾으며 일하는 방법입니다. 아무리 잠재 능력이 뛰어나도 멘탈이 흔들리면 직장생활은 풍랑을 만나게 됩니다. 소심함을 극복하고 '나답게 일하는 방법'을 담았습니다.

2장은 자신의 가치와 호감도를 높이는 이미지 메이킹 방법입니다. '꼰대 상사'가 되고 싶지 않은 여러분의 선배가 쉽게 지적하기 어려운 부분들을 제가 대신 다루었습니다. 작은 실천으로 큰 변화가 일어날 것입니다.

3장에서는 직장인으로서 갖춰서 말하는 법을 정리했습니다. 사람을 달라 보이게 만드는 대표적인 요소는 그 사람이 사용하는 '언어'입니다. 직장에서 겪을 수 있는 다양한 대화의 예시와 함께 그 방법을 떠먹여주듯 공유했습니다.

4장에서는 직장생활이 수월해지는 소통의 기술을 다루었습니다. 조직의 동맥 경화는 소통의 부재에서 옵니다. 가장 중요한 상사와의 소통부터 어색한 엘리베이터 토크까지, 어렵게만 느껴졌던 직장 내 소통을 다양한 관점에서 쉽게 이야기했습니다.

5장에서는 성공적인 인간관계를 위해 버려야 할 것과 인간관계에 도움이 되는 꿀팁을 모았습니다. 직장인이 퇴사를 고민하는 사유 불변의 1위는 인간관계입니다. 사람들은 일보다 사람이 힘들어서 퇴사를 결심합니다. 하지만 나만 옳다고 여기는 순간 관계는 끝납니다.

6장은 경쟁력을 갖추는 방법입니다. 회사에서 잘 쌓은 기초는 평생 자산이 됩니다. 대기업일수록 전문성을 요하고, 중소기업일수록 멀티 플레이어를 원합니다. 어느 회사에서 어떤 직무를 맡든, 스스로 경쟁력을 갖추면 기회는 불시에 찾아옵니다.

즐겁게 일하는 비결에 거창한 변화가 필요한 것은 아닙니다. 아주 작은 실천만으로도 나의 평판이 달라지고, 그 작은 행동들이 상대방의 마음에 닿아 관계에 변화를 가져옵니다. 이러한 작은 성취와 성장이 쌓일 수 있도록 여러분의 첫걸음을 함께하겠습니다. 분명 당신이 꿈꾸던 내일의 자신과 마주하게 되리라 확신합니다. 이제 상처받고 방황하는 직장인들이 심신의 버거움에서 벗어나, 가벼운 출근길에 오를 수 있기를 진심으로 바라고 응원합니다.

끝으로 책이 나오기까지 도움을 주신 분들께 감사를 전합니다. 주말과 연휴에 원고에 집중할 수 있도록 배려해준 가족 덕분에 책을 완성할 수 있었습니다. 신입 시절의 나와 만나고, 오랜 기억을 소환하는 과정이 행복했습니다. 경험과 실수를 공유하며 제가 가장 많이 배웠습니다.

2024년 10월 **이은채**

1장

출근이 두려운 당신에게

'잘하자'에서 '잘'만 빼고
출근해도 괜찮아

'신입입니다. 일을 너무 못하는 것 같아요'라는 제목의 글이 눈에 들어왔다. 직장인들의 커뮤니티로 유명한 사이트 '블라인드'에 올라왔던 2021년의 글이다. 글은 다소 길었지만 후배를 대하는 마음으로 끝까지 읽었고, 마음이 짠하고 공감되는 부분은 스크롤을 올려가며 다시 정독했다. 글에는 스스로의 부족함에 대한 고민이 고스란히 묻어 있었다. 일 잘하는 사람이 되고 싶은 심정을 호소하며 사연은 마무리됐고, 내 마음은 어느새 알 수 없는 연민으로 파장이 일고 있었다.

"입사한 지 4개월 된 신입입니다. 일을 너무 못하는 것 같아서 걱정입니다. … 어떻게 일머리를 기를 수 있을까요? 어떻게 하면 사람들에게 신뢰를 쌓을 수 있을까요? 능수능란하고 싹싹하고 일 잘하는 팀원이 되고 싶습니다. 이거 알려주는 학원 있으면 당장이라도 돈 내고 다닐 것 같아요. 입사한 지 몇 달이 흘렀는데 발전은커녕 퇴보하고 있는 것 같아요."

궁금하다. 글을 올린 지 3년쯤 지난 지금 이 친구는 어떻게 지내고 있을까? 자신의 부족함을 알고, 잘하고 싶은 의지가 있는 친구이니 멘탈 관리만 잘했다면 어디선가 자기 몫을 잘 해내고 있으리라 믿는다.

신입사원을 괴롭히는 착각

'일을 잘하고 싶지만 업무가 정확히 정해진 것도 아니고, 시키는 대로 했어도 잘못됐다고 혼나기 일쑤다. 상사에게 지적받을 때마다 내가 무능력하게 느껴진다. 아무리 노력해도 인정받지 못할 때는 내가 회사에 필요 없는 사람처럼 느껴진다. 이런 고민을 하다 보면 나도 모르게 위축되고, 상사의 얼굴을 떠올리면 울렁증이 시작된다. 언제까지 버텨야 하나 막막하지만, 오늘도 비장하게 출근길에 나선다.'

신입사원은 누구나 이런 고민에 빠지고, 일을 잘해야 한다는 강박에 시달린다. 상사들도 각자의 위치에서 고민이 많지만, 신입사원은 자신에게 확신이 없어서 더 힘들어한다. 그런데 이런 고민을 하는 신입사원들이 진짜 일을 못하는 사람일까? 대부분 그렇지 않다. 아직은 익히는 과정이고, 조금 서툴러도 된다. 선배 또한 후배를 지적한다고 해서 그 후배가 일을 못한다고 생각하지는 않는다.

후배들의 고민을 듣다 보면, 20년 전이나 지금이나 고민이 크게 다르지 않다는 생각을 한다. 상사의 곱지 않은 말투에 자책하거나, 상사에 대한 불만이 생기거나 둘 중 하나가 대부분이다. 이럴 때 직원들은 생각의 오류에 빠지기 쉽다. 그중에서도 특히 신입사원을 괴롭히는 생각의 오류는 다음의 3가지가 대부분이다.

• 실수를 자책하다가 자신이 일을 못하는 사람이라고 단정 짓는다.
• 일을 못하는 것이 아니라, 선배의 질타에 기가 죽은 것이라는 것을 모른다.
• 일을 잘하는 것이 엄청나게 특별한 일을 많이 해내는 것이라 착각한다.

이런 이유로 퇴사를 고민하는 직장인 중에는 훌륭한 잠재력을 소유한 사람이 많다. 분명 잘하고 있고, 장점이 많은데도 스스로 부족하다고 판단해 부정적인 감정에 갇혀 있는 것을 보면 안타까울 때가 있다. 이러한 사태의 원인을 따지자면, 먼저 반성해야 하는 쪽은 상사다. 후배를 가르치고 바로잡는 것도 그들의 역할이기 때문이다. 하지만 그들도 성장하는 과정에 있음은 마찬가지다. 그리고 어쩌면 당신에 대한 스스로의 평가보다 당신에 대한 상사의 평가가 의외로 좋을 수도 있다. 일을 못하는 것이 아니라, 아직 일을 모르는 것이기 때문이다. 당신이 부러워하는 선배도, 팀장도 모두 그 시기를 거친 사람들이고, 당신도 역시 그 시기를 지나가는 과정에 있다.

시간 지나면 님이 더 잘하실 겁니다

앞서 소개한 고민글에 진심 어린 댓글들이 많았다. 그중 내게도 감동적이었던 댓글 몇 개를 소개하려고 한다. 이는 모두 같은 신입사원 시절을 이겨냈거나, 지금도 그 시간을 버텨내고 있는 사람들의 말이다.

댓글 1 : 피드백 받을 때 기분 나쁜 말투에 집중하지 마시고, 하나씩 배운다고
　　　　 생각하시면 돼요. 피드백 많이 수집하는 만큼 성장하실 거예요.
댓글 2 : 저도 버티다가 2년 지나니 업무 파악하고 시야가 넓어지더라고요. 업
　　　　 무가 눈에 들어오니 재미있어졌습니다.
댓글 3 : 저도 그런 시기 한창 있었는데, 고민이 있으면 반드시 좋아져요.
댓글 4 : 물어보는 걸 겁내지 마세요. 신입일 때 많이 물어봐야 합니다. 당연히
　　　　 물어볼 수 있는 시기예요.
댓글 5 : 시간 지나면 님이 더 잘 하실 겁니다.

나도 이 사연을 보면서 사회초년생 시절에 했던 실수와 고민들이 참 많이 떠올랐다. 그 당시에는 모르는 것이 있어도 물어볼 줄도, 도움을 청할 줄도 몰랐다. 주어지는 일들을 혼자 해내는 것이 잘하는 것인 줄만 알았다. 그러다 보니 늘 알아서 잘해야 한다는 강박관념에 시달렸다.

하루는 회사에 거래처 임원들이 방문했다. 사장님께서 회의실에 다과를 준비하라고 지시하셨고, 나는 비즈니스를 위한 다과 세팅이 처음이라 당황했지만 최선을 다해 준비했다. 이 정도면 내가 보기에 만족스럽다고

생각하며 사장님의 칭찬까지 기대했다. 그러나 문제는 속도였다. 회의 시작 타이밍에 테이블 세팅이 끝나 있어야 하는데, 그것을 몰라서 회의가 시작된 다음 세팅에 들어간 것이다. 회의 테이블 위에 다과를 차례차례 올려놓는 동안 대화는 간헐적으로 끊어졌다. 사장님께서 준비가 늦었다고 호통을 치셨고. 나는 무슨 정신으로 다과를 놓고 나왔는지 지금은 기억도 나지 않는다.

그 일이 있고 나서 얼마 후, 지난번 그분들이 회사를 재방문한다고 연락이 왔다. 사장님께서도 그 미팅에 신경을 많이 쓰는 눈치였다. 오늘 미팅이 중요하니, 다과도 신경 써서 준비하라고 당부하셨다. 나는 지난번 망신을 만회하려고 서둘렀다. 그 덕에 타이밍을 맞추는 데는 성공했다. 나름 만족하며 목례하고 나오려는 순간, 뒤에서 또 사장님의 호통 소리가 들려왔다.

'아! 또 뭐가 잘못된 거지?'

문제는 시간을 맞추려고 너무 서두르다 시쳇말로 '비주얼'이 너무 안 나온 것이었다. 이래도 혼나고 저래도 혼나는 나날은 그 후로도 오랫동안 계속됐다.

회사는 성과를 목표로 긴박하게 돌아간다. 잘못한 부분을 지적받는 것은 어쩔 수 없다고 받아들이는 것이 마음 편하다. 중요한 것은 한번 지적받은 부분만큼은 확실히 바로잡아 자기 것으로 만들어야 한다는 것이다. 그렇게 더 나아지려고 노력하는 과정에서 실력은 늘고, 점점 더 능숙해진다.

　시간이 흐르고 어느 정도 일이 익숙해질 무렵 후배들이 들어왔다. 나는 혼나면서 배운 일들만큼은 꽤 잘하는 사람이 되어 있었다. 후배들은 내가 원래 '잘하는 사람'인 줄 알고 동경의 눈빛으로 나를 바라보고는 했다. 나는 늘 다짐했다. '내 후배는 혼내지 말고 자상하게 가르쳐줘야지'라고…. 하지만 막상 후배가 들어오니 이래도 혼내고, 저래도 혼내는 일이 자주 발생했다. 그렇게 혼나면서도 선배라고 생일을 챙겨주고, 손편지도 써주며 다가오는 후배들이 참으로 대견했다. 나의 상사도 나에게 그런 마음이지 않았을까 생각한다.

　다시 강조하자면, 지적과 질책은 앞으로는 이렇게 하라고 하는 것이지 당신이 일을 못한다는 의미가 아니다. 신입인 당신에게 상사가 거는 기대치는 정해져 있다. 시키는 일을 시간 맞춰 해오고, 싹싹하게 인사만 잘 해도 상사는 어느 정도 만족한다. 중요한 것은 주눅 들지 않는 멘탈이다. 그리고 직장 내 인간관계와 신뢰를 쌓는 이미지다. 실력은 배우려는 자세와 노력만 있으면 언젠가는 늘게 되어 있다. 지금은 늦어도 나중에는 분명 '님'이 더 잘하게 될 것이다.

잦은 실수로
고민하는 당신에게

　신입사원이 가장 흔들릴 때가 바로 실수했을 때다. 누구나 하는 것이 실수지만 우리는 유독 직장에서의 실수를 무겁게 다룬다. 그 이유는 내가 한 실수가 다른 일들에 영향을 끼치고, 크고 작은 책임이 따르기 때문이다. 물론 신입사원이 저지를 수 있는 실수는 대부분 해결이 되는 수준의 문제들이다. 하지만 신입사원의 실수가 위험한 이유는 실수하고도 실수인 줄 모를 때가 있기 때문이다. 나중에 일이 커져서 실수가 드러나기도 하고, 갑자기 분위기가 이상해서 '무슨 일이지?' 하고 보면 내가 한 일이 원인일 때도 있다.

　잦은 실수로 고민하는 신입사원에게 위로와 용기를 주고자, 필자의 부끄러운 실수담부터 털어놓으려 한다.

작은 회사일수록 입사 후 별도의 교육 없이 선배가 시키는 일을 하면서 적응해가는 것이 일반적이다. 나도 중소기업에 입사했다 보니 처음부터 사장과 임원에게 직접 지시를 받기도 했다. 우리는 흔히 '입금'과 '송금'을 혼용한다. 이런 관행 속에 금융 업무가 처음이었던 나는 평생에 잊지 못할 실수를 하고 만다.

출타 중인 사장님으로부터 전화가 걸려왔고, 사장님은 내게 거래처와의 입출금 관련 지시를 하셨다. 나는 상황에 따른 입금과 송금의 정확한 개념을 이해하지 못한 상태에서 이를 담당 이사에게 전달했다. 그것이 문제의 발단이었다. 나의 보고를 받은 이사님은 그 당시 가장 큰 이슈였던 프로젝트에 관련된 상당한 금액을 거래처에 송금했다. 그런데 갑자기 회사가 술렁이기 시작했다. 송금이 잘못 처리된 것이었다. 그 당시 나는 사장님의 말씀을 들은 대로만 전달하면, 모든 상황을 꿰고 계신 재무이사님이 말의 뜻을 이해하고 정확히 처리하시겠지 하는 믿음을 가지고 있었다. 그러나 잠시 후 전화 너머로 들리는 사장님의 격노한 음성은 내게 하늘이 무너지는 소리로 들렸고, 이런 나에게 내일이란 없었다. 회사는 다음 날까지 시끄러웠다. 다행히 거래처의 이해로 문제는 수습됐지만, 아! 이 일은 지금 생각해도 식은땀이 난다.

이와 같이 일을 하다 보면 누구나 실수를 한다. 경력이 있는 사람도 실수는 한다. 하지만 실수를 아는 것이 중요한 이유는 실수 자체도 문제지만 실수 후의 태도가 중요하기 때문이다. 실수했을 때 뒤처리를 어떻게 하는지에 따라 그 사람은 괜찮은 사람이 되기도 하고, 무책임한 사람이 되기도 한다.

실수를 인정하는 용기

사실 실수를 인정한다는 것이 일반 사원에게만 요구되는 사항은 아니다. 실수를 인정하는 데에는 용기가 필요하다는 말이 왜 나왔겠는가. 그만큼 사람들은 자신의 실수를 잘 인정하지 않는다. 사람들 대부분은 책임을 회피하려는 보편적인 인간 심리의 범주에 속하기 때문이다. 연차를 떠나 내공이 있는 사람은 자신이 미흡했다는 것을 금방 알아차리고, 곧바로 인정한다. 그리고 그 문제의 중심에 선다. 반면 남을 욕하거나 환경 탓을 하면서 문제의 중심에 서지 않는 사람도 있다. 실수를 인정하면 실력 부족이 탄로날 것이라는 그릇된 방어 본능 때문이다. 이들은 실수로 인한 손실이나 문제의 근본적인 해결에 집중하기보다는 남을 탓하고, 화내며 실수를 덮으려고만 한다.

사람들은 나의 실수 때문에 실망하는 것이 아니다. 나의 실수를 내가 어떻게 인정하고, 대처하는지 그 태도를 보고 실망하는 것이다. 자신의 미흡했던 부분을 확실하게 인지하고, 인정하는 태도와 진정성 있는 사과, 오류를 반복하지 않겠다는 의지 등을 보일 때 사람들은 나를 더 좋아하고, 신뢰하게 된다.

데일 카네기(Dale Carnegie)도 "잘못을 저질렀다면 그 즉시 분명한 태도로 이를 인정하라"라고 말했다. 앞 장에서 소개한 필자의 실수담도 마찬가지다. 내가 사장님의 말씀을 명확하게 이해한 상태가 아니었다면 이사님에게 전달할 때 사장님에게 한 번 더 확인하시라고 말했어야 했다. 그리고 이미 문제가 발생한 상황에서는 나의 실수를 솔직하게 인정해야 한다. 내가 만약 실수를 인정하지 않고 "대표님이 전하라는 대로 그대로 전했을 뿐인데요"라고 변명했다면 사장님과 이사님을 두 번 실망시켰을 것이다.

실수를 성장의 기회로 만드는 내공

실수를 인정하고, 성장의 기회로 삼는 것은 대단한 내공이다. 기술적인 부분이든, 성격적인 부분이든 실수한 부분은 나의 취약점일 때가 많다. 이번 계기를 통해 확실하게 개선하겠다는 다짐을 하고, 노력을 기울여야 한다. 이런 의지가 있을 때, 실수는 성장의 터닝 포인트가 된다.

하루는 출근해서 커피를 마시는데 사장님의 다급한 전화가 걸려 왔다. 출근길에 접촉 사고가 났다고, 보험사에 사고 신고를 부탁하는 전화였다. 그런데 하필 보험 만기가 어제 날짜로 끝나 있었다. 분명 어제도 나는 보험 만기가 임박했다는 것을 생각했고, 빨리 확인해서 연장하려고 했다. 그런데 머피의 법칙처럼 그다음 날 아침에 문제가 발생한 것이다. 사고 현장에 계신 사장님께 차마 입이 떨어지지 않았다. 그 사실을 어떻게 말씀드렸는지 지금도 기억이 잘 나지 않는다.

"정말 죄송합니다. 다시는 이런 실수를 하지 않겠습니다"라고 사과를 드리는데 나도 모르게 눈물이 났다. 미리미리 확인하지 않은 나 자신에게 화가 났고, 내가 너무 한심하게 느껴졌다.

이 사건 이후로 나는 보험 업무뿐 아니라 이와 유사한 업무에서 실수를 한 번도 하지 않았다. 심지어 지금은 매사에 철두철미한 사람으로 정평이 나 있다. 어쩌다 가벼운 실수를 하더라도 "어, 이런 실수를 할 분이 아닌데, 뭔가 이유가 있었나 보네" 하며 가볍게 넘어갈 정도다. 그 실수가 내게는 호된 회초리가 된 셈이다. 이런 업무는 시간이 지나며 점차 후배 손에 넘어갔지만, 자동차보험 만기만큼은 직접 확인하며 옛날 생각에 웃고는 한다. 만일 그때 내가 "어제 분명히 보험 연장하려고 했는데 팀장님이 갑자기 다른 일을 시키는 바람에 깜빡했습니다"라고 핑계를 댔다면 나는 나의 단점을 고치지도 못하고, 소중한 성장의 기회를 놓쳐버렸을 것이다.

실수를 미연에 방지하는 습관

신입사원은 무언가가 실수라고 느껴지는 순간 바로 상사에게 알려야 한다. 명확한 실수까지는 아니더라도, 조금이라도 이상하다 생각되면 이를 즉시 공유해야만 큰 실수를 방지할 수 있다. 물론 본인의 실수를 자진해서 보고하는 것이 쉬운 일은 아니다. 그러나 직간접적인 경험으로 봤을 때, 질책이 두려워서 혼자 수습하려고 숨기거나 어물쩍 넘어가면 문제가 더 커질 때가 훨씬 많았다. 싫은 소리를 좀 듣더라도, 실수를 인지한 순간 바로 공유하는 것이 현명한 대처법이다.

직장에는 일이 서툴러서 생기는 실수만 있는 것이 아니다. 업무시간에 일과 상관없는 다른 것에 관심을 두느라 발생하는 업무 누락도 의외로 많다. 예를 들면 회사에 출근해서 친구와 전화나 메시지를 주고받느라 바쁘고, 인터넷 서핑을 하며 시간을 보내다 보면 정작 본래의 업무에는 소홀해지고 자꾸 이것저것 놓치게 된다. 다른 일로 열심히 키보드 두드리다가 상사가 뭘 좀 시킬 때만 "네"하고 일어났다가 다시 앉아서 키보드를 두드리고 있지는 않은지 자신을 점검해야 한다. 업무시간에는 회사 일에 집중한다는 원칙을 정해야 실수를 줄일 수 있다.

완벽주의 성향이라도 한 번 더 체크하는 것이 번거롭기는 마찬가지다. 다만 실수를 줄이기 위해 하는 것이다. 더구나 신입사원은 작고 사소한 업무의 가짓수가 많다. 업무를 누락하는 실수를 막기 위해 '나만의 업무 노트'를 만들 것을 추천한다. 사소한 업무까지 꼼꼼하게 리스트를 작성하고, 완료할 때마다 하나씩 체크해나가라. 그리고 새롭게 알게 된 일들은 모두 메모해서 내 것으로 만들어라. 이 나만의 업무 노트는 나만의 보물 단지가 될 것이다. 이런 습관은 실수를 방지할 뿐만 아니라, 일의 숙련도를 높이고 시간을 효율적으로 관리하는 데 큰 도움이 된다.

세상에 완벽한 사람은 없다. 직장에서도 실수 없는 성장은 불가능하다. 실수를 수습하는 과정에서 배우기도 하고, 같은 실수를 반복하지 않으려는 노력이 성장을 만든다.

　이미 실수가 벌어졌다면, 실수 후 태도에 신경 써라. 책임감이 강한 사람은 해결을 상사에게만 미루지 않는다. 자기가 할 수 있는 일을 찾아 최대한 수습하려고 노력한다. 상사도 후배의 이런 모습을 보면 이왕 벌어진 일에 덜 예민하게 반응하려고 한다. 실수를 교훈 삼아 다양한 방안을 세우고, 2배의 노력을 기울인다면 당신은 보다 성숙하고 실력 있는 전문가로 성장할 수 있다.

나를 소심하게 만드는
마음 습관

"A형은 답장이 없으면 상처받는다."

한때 유행했던 말이다. 과연 특정 혈액형만 그럴까? 상대방이 내 전화를 바로 받지 않거나 문자 확인을 빨리 안 하면 '왜 안 받지? 내 연락을 피하나?'라고 신경 쓰는 사람은 의외로 많다. '바쁜가 봐'라고 상대방의 상황을 생각하기 전에, 소외감부터 느끼는 추측으로 스스로를 상처주는 것이다. 이처럼 마음에도 습관이 있다. 자신을 향한 상대방의 기분을 고민하느라 온갖 상상을 동원해 자신을 괴롭히는 것도 일종의 습관이다. 다음으로는 이렇게 스스로를 괴롭히는 소심한 직장인의 마음 습관과 소심함을 극복하는 방법에 대해 짚어보려고 한다.

소심한 직장인의 마음 습관 3가지

1. 타인을 지나치게 의식한다

타인을 전혀 의식하지 않는 사람은 없다. 정도의 차이만 있을 뿐이다. 하지만 남의 시선을 지나치게 의식하는 바람에 본인의 삶이 피곤하다면 해결법을 찾아야 한다. 타인의 시선을 지나치게 의식하는 사람은 옷을 입을 때도 남의 시선을 먼저 생각하고, 말할 때도 남의 기분을 의식하느라 주관이 없다. 심지어 타인을 볼 때마저도 타인의 눈에 비친 자신의 모습을 의식한다. 타인을 의식하다 보니 의사표현이 부족하고, 그런 모습이 소극적으로 비춰진다. 남의 눈치를 보느라 싫은 소리를 못하고, 그런 자신의 모습이 퇴근 후에 생각나 밤잠을 설친다.

2. 걱정의 농도가 짙다

똑같은 상황이어도 사람마다 그 무게를 다르게 느낀다. 걱정의 무게도 마찬가지다. 직장생활을 하다 보면 발표도 해야 하고, 보고도 해야 한다. 직업에 따라 낯선 고객도 만나야 한다. 그런데 걱정이 많은 사람에게는 이 모든 것이 버겁다. 새로운 도전 앞에서는 해보기도 전에 잘 안 될지도 모른다는 두려움이 앞선다. 걱정의 농도가 짙은 사람은 회식도 피하고 싶어 한다. 누구와 앉게 될지도 모르겠고, 혹시 누가 나에게 건배사라도 시킬까 봐 며칠 전부터 걱정이기 때문이다. 이들은 회식 시간에 차라리 혼자 조용히 일하는 것이 낫겠다고 생각할 정도다.

3. 확대해석한다

같은 말이나 상황을 마주해도, 이를 남보다 확대해석하는 사람들이 있다. 이들은 피드백을 질책으로 받아들여 속앓이를 하거나, 누군가의 말을 뜻밖의 의미로 해석해 감정적으로 힘들어한다. 이로 인해 자신도 힘들지만, 가정이나 직장 등 주변 사람들과의 관계에 문제가 발생하기도 한다. 실제로 이런 성향을 가진 후배들은 고민 상담 중에 다음과 같은 불안한 속마음을 자주 표현하고는 한다.

"내가 잘못했다고 지적하는 이야기인가?"
"아까 김대리가 한 말이 무슨 뜻이지?"
"(동료들이) 혹시 내 이야기 하는 거 아니야?"

이처럼 주위의 작은 말이나 행동에 민감하게 반응하며, 자기도 모르게 부정적인 의미를 찾는 것이다. 상사의 말이나 표정을 자신의 잘못으로 해석해 괜한 죄책감을 느끼기도 하고, '내가 무언가 잘못했나?'라고 지나간 일을 되새기며 고민에 빠지기도 한다. 이러한 마음 습관은 업무에서 오는 스트레스를 늘리고, 불필요한 감정 소모로 대인관계를 쉽게 지치게 한다. 이를 극복하기 위해서는 상대방의 말을 있는 그대로 받아들이고, 부정적인 의미를 부여하지 않는 연습이 필요하다.

누구나 소심한 구석이 있다

정도의 차이만 있을 뿐, 사람은 누구나 소심한 구석이 있다. 필자 또한 다양한 환경 속에서 단련됐지만, 여전히 소심한 부분이 남아 있다. 그러나 대범하기만 하다고 좋은 것도 아니고, 소심하다고 나쁜 점만 있는 것도 아니다. 심리를 다루는 전문가들도 소심한 면을 단점으로만 치부하지 않는다. 소심한 사람들은 관찰력과 공감 능력이 뛰어나고, 무디고 털털한 사람에 비해 상황 파악 능력도 뛰어나다. 이 능력을 외부로 잘 활용하는 사람들이 일잘러가 될 가능성이 크다. 대범해 보이는 일잘러 중에 자신이 원래는 '소심한 사람'이라고 고백하는 사람이 많다. 소심한 일잘러들은 타고난 눈치와 공감 능력으로 지혜롭게 인간관계를 만들어간다. 또한 흠잡을 데 없는 업무 결과로 상사를 만족시키기도 한다. 자신의 특성을 잘 알고 장점으로 승화시키기 때문이다.

하지만 대부분은 자신의 소심한 성격 때문에 힘들어한다. 잠자리에 누워서도 낮에 있었던 회사 일 생각에 잠 못 이루고, 몸만 퇴근하고 마음은 퇴근하지 못하는 날이 허다하다. 타고난 성격을 바꾸는 것이 쉽지는 않다. 그래서 전문가들은 성격을 바꾸겠다는 막연한 노력보다는 마음을 고치는 훈련을 하라고 조언한다. 상대방이 내 전화를 피하는 게 틀림없다고 속 끓이던 마음을, 상대방의 상황 때문이라고 돌려서 생각해 편해지라고 한다. '얼굴이 좋아졌다고? 살쪘다는 뜻인가?'라고 상처받던 마음을 순수한 칭찬으로 받아들이는 마음으로 바꾸는 훈련을 하라는 것이다. 자신의 마음이 어떻게 작동하는지를 객관적으로 볼 수 있다면, 섣불리 남을 오해하지 않을 것이다.

소심한 직장인을 위한 전문가들의 조언

사람들에게 건강한 마음을 찾아주는 심리상담 전문가들은 소심한 성격을 바꾸기 위해 다음의 3가지를 실천하라고 조언한다.

첫 번째, 내가 소심하다는 것을 인정하자.
행복 명상센터를 운영하고 있는 김영국 센터장은 자신의 성격에 대해 이렇게 고백했다.

"저도 한때는 용기가 부족하고 소심한 나 자신을 보면서 내가 마음이 약하고 여리고 착해서 그런 줄 알았습니다. 하지만 본질은 내 속이 좁다는 거였습니다. 이를 인정하고 받아들이는 데 오랜 시간이 걸렸지만 좁아진 속을 넓히다 보니 삶이 편안해지고 인간관계에서 오는 갈등도 줄어들었습니다."

아무리 겉으로 대담한 척해도 내면에 깔린 소심함은 사라지지 않는다. 하지만 사회인으로 살아가기에 편리한 성격이 있다면 바꾸려고 노력해 볼 필요가 있지 않을까? 인정하고 싶지 않은 자신의 소심함을 인정하는 것부터가 시작이다. 앞에서 소개한 김영국 센터장의 말처럼, 자신의 속이 좁다는 것을 모르면 모든 원망이 주변 사람들로 향한다. 만약 스스로가 동료의 알 수 없는 표정을 퇴근 후 집에서도 되뇌고 있다면, 자신이 매우 소심한 사람이라는 것부터 인정하도록 하자.

두 번째, 나의 심리적 약점을 강점으로 활용하자.

소심하다고 일도 못하는 것은 아니다. 직장생활 중 마음이 유독 예민해지는 포인트를 찾아, 자신이 되고 싶은 모습을 그려보자. 가장 예민한 포인트가 어쩌면 내게 필요한 성장의 전환점이 될 수 있다.

- 나는 회사에서 어떤 상황이 가장 두려운가?
- 나는 회사에서 어떤 사람으로 인정받고 싶은가?
- 나는 회사에서 무슨 말을 들었을 때 가장 화가 나는가?

세 번째, 의식을 넣어 대범하게 말하고 행동하자.

소심한 일잘러들은 매사에 의식을 넣어 행동한다. 이것은 연습을 넘어 훈련이다. 여기서 의식을 넣어 행동하라는 것은 명확한 의사 전달을 하고, 적극적인 모습을 보여주기 위해 '의식적으로' 노력하라는 뜻이다.

먼저 인사부터 큰 소리로 해보자. 인사하는 모습과 목소리 톤은 그 사람의 성격을 정확하게 대변한다. 밝고 명확하게 인사하는 모습은 대범하고 적극적인 사람의 대표적인 이미지다. 그리고 의미 있는 건배사를 미리 준비해보자. 직장생활을 하다 보면 건배사를 해야 하는 순간이 반드시 찾아온다. 건배사를 최소한 3개는 준비해야 자리와 분위기에 따라 센스를 발휘할 수 있다. 준비를 통해서라도 회식 걱정을 없애야 직장생활이 행복하다.

직장이라는 특성상 누구나 어느 정도는 소심해질 수밖에 없다. 매일매일이 평가의 연속인 직장에서 남을 의식하게 되고, 누군가의 표정과 말한마디에도 신경이 쓰이는 것은 당연하다. 그럼에도 직장이란 나를 건강한 사회인으로 성장할 수 있게 만드는 기회의 장이다. 수많은 인간관계와 복잡한 감정 속에서 자신과의 싸움이 전부다. 그래서 마음 습관이 중요하다. 습관을 바꾸면 인생이 바뀌지만, 마음 습관을 바꾸면 사람이 바뀐다.

상처받지 않는
유리멘탈 관리법

'멘탈이 능력이다'는 말이 있다. 우리는 사회생활을 하면서 너무나 많은 스트레스에 노출된다. 특히 유리멘탈이라고 불리는, 쉽게 상처받고 스트레스 받는 사람들은 더 힘들어한다. 건강한 직장생활을 위해서는 타인으로부터 자신의 마음을 지키는 것이 중요하다. 그러기 위해서는 마음의 근육이 단단해야 한다. 마음 근육이 단단한 사람은 특별히 예쁘거나 잘생기지 않아도 그 사람 자체가 멋있다. 그런 사람들은 감정 기복이 심하지 않고 어떤 일에나 의연하다. 작은 일에도 멘탈이 흔들리며 감정이 요동치는 사람들과 달리, 마음 근육이 단단한 사람은 스트레스를 처리하는 능력이 탁월하다. 웬만한 일은 스트레스로 받아들이지도 않는다. 이것이 멘탈갑이 '최후의 승자'인 이유다. 외부에서 오는 다양한 자극에 쉽게 상처받지 않는 사람이 직장에서도 끝까지 살아남고, 건강한 인간관계를 만들어갈 수 있다.

어떻게 하면 나 자신을 더 사랑하고, 상처받지 않는 내가 될 수 있을까? 자존감을 높이고 마음 근육을 키우는 멘탈 관리법을 알아보자. 멘탈의 강도는 타고나는 부분이 크다. 그러나 마음에도 근육이 있듯이, 자신의 약점을 알고 단련하면 우리는 덜 상처받을 수 있다.

우리가 상처받는 이유

요즘 약한 멘탈을 표현하는 말들이 시리즈로 등장하고 있다. 작은 충격에도 잘 깨진다고 '유리멘탈', 살짝만 건드려도 부스러진다고 '쿠크다스 멘탈'이라 부른다. 재미있는 표현이지만 이는 사실 현대인들의 감정 문제를 정확하게 대변해주는 말이다.

우리는 조직 속에서 다른 사람의 평가에 지나치게 민감하다. 유리멘탈인 사람은 꾸중을 들으면 상황의 개선보다 꾸중 자체에 집중한다. 만약 상사가 동료 A를 예로 들어 자신을 지적하면, A와 비교당했다고 느끼며 못 견뎌 한다. 상사의 의도는 내가 A보다 잘하길 바라는 것이지, 꾸중과 비교가 목적이 아니었음에도 말이다.

유리멘탈은 상처도 잘 받지만 후유증도 오래 간다. 만약 어느 한 사람이 나를 싫어한다고 느끼면, 다른 사람들까지 나를 싫어하게 될까 봐 두려움에 휩싸이고는 한다. 이런 두려움은 점차 내면의 불안으로 자리 잡아, 결국 내가 잘못된 사람인지 의심하게 만든다. 또한 유리멘탈인 사람은 남이 자신을 부족하게 볼까 봐 불안해하며, 그러다가 누군가 무심코

던진 말에 그 마음이 조금이라도 건드려지면 심하게 상처받는다. 왠지 부족함을 들킨 것 같아 신경이 쓰이고, 자신의 마음을 건드린 상대에게 분노가 치밀기도 한다. 직장상사나 외부인에게는 꾹꾹 참고 있다가, 부모나 배우자처럼 편한 사람에게 극심하게 폭발하며 화를 내는 경향도 있다.

이러한 왜곡된 사고의 씨앗은 자신과 맞지 않는 사람들에게 지나치게 주의를 기울인 데서 비롯된다. 하지만 내가 느끼는 불안이나 두려움은 그저 내 마음속의 반응일 뿐, 모든 사람이 나를 그렇게 바라보는 것은 아니라는 사실을 자각해야 한다. 나를 이해하고 지지해줄 수 있는 사람들과의 관계 속에서 불안과 스트레스를 덜어내고, 감정적으로 건강한 상태를 유지해야 한다. 이렇게 나의 마음을 지키며 우리는 점점 더 단단해질 수 있다.

자신의 감정을 객관적으로 진단하기

폭풍 같던 감정이 사그라질 때쯤이면, 대부분 자신의 감정이 객관적으로 보이기 시작한다. 전문가들은 감정을 '미리' 알아차리라고 조언한다. 사소한 상처에 고통받기 전에, 상대를 미워하는 고통이 밀려오기 전에 얼른 자가 진단을 한다면 폭풍이 아닌 솔바람 정도로 가볍게 지나갈 수 있다.

사람들의 마음을 오랫동안 치유해온 심리상담사 금선미 코치는 그의 책 《왜 불편한 관계는 반복될까?》에서 사람의 감정과 타인과의 관계를 다음과 같이 설명한다.

"감정 문제가 곧 인생 문제다. 사람이 자신의 감정을 스스로 파악할 줄 알면 타인과의 관계가 결코 힘든 문제가 아니다. 나의 감정에 따라 타인과의 관계가 설정되고, 나의 감정에 따라 타인과의 관계가 다르게 드러난다. 감정도 관리가 필요하지만 내 감정을 스스로 눈치채기란 쉽지 않다."

착한 사람이 한번 화나면 무섭다는 말이 있다. 이는 사실 무서운 것이 아니라, 짜증이나 분노의 감정을 제대로 여과하지 못해 폭발하는 방식으로 감정을 표출해버리는 현상이다. 이런 태도로 인해 인간관계가 망가지면 자신에 대한 원망과 후회가 밀려와 스스로가 더 힘들어지는 악순환이 반복된다.

인간관계 속에서 부정적인 감정이 올라올 때는 제3자의 입장에서 자신을 관찰해야 한다. 내가 지금 현실을 있는 그대로 바라보고 있는지, 상대의 말을 왜곡해서 받아들이고 있는 것은 아닌지, 자기 연민에 빠져 피해의식을 느끼고 있는 것은 아닌지를 진단해야 한다. 부정의 늪에서 허우적대는 시간이 길어지면 사람의 마음은 한없이 좁아진다. 자신의 감정을 스스로 눈치채는 능력을 키운다면, 미움과 원망의 화살을 상대에게 돌리는 무례함을 멈출 수 있다.

퇴근과 동시에 일에서 탈출하기

업무시간을 제외한 시간에 자기계발이나 취미생활은 필수다. 사실 나부터도 일과 삶의 경계를 명확히 지키는 것은 쉽지 않은 이야기다. 하지만 당신은 업무가 끝나면 반드시 자신만의 시간을 갖기를 바란다. 직장은 삶을 영위하기 위한 수단이지 삶의 전부가 아니다.

퇴근 후 운동을 하거나 관심 분야에 몰두하면 자존감은 저절로 올라간다. 개인적인 즐거움이 충만하면 직장에서 조금 거슬리는 일이 있어도 가볍게 넘길 수 있는 마음의 힘이 생긴다. 운동이나 독서 모임 등 여가 활동을 하는 사람들을 보면 대부분 직장인이다. 그들은 하나같이 취미 활동을 하면서부터 직장이나 가사 스트레스에 마음 빼앗길 새가 없어졌다고 한다. 그리고 자신이 좋아하는 여가 활동을 통해 성격이 180도 바뀌었다고 말한다.

요즘에는 퇴근 후 집에서 할 수 있는 일들이 너무나 많다. 블로그나 애드센스를 개설해서 온라인 세계에 자신을 브랜딩하는 직장인들이 늘고 있다. 자신만의 콘텐츠를 영상으로 제작하는 직장인 유튜버도 넘쳐난다. 퇴근 후에는 운동을 하든 자기계발을 하든 당신의 가치를 올리는 일을 찾아라. 그러나 중요한 것은 업무시간 외에 해야 한다는 것이다. 업무시간에 다른 일에 집중하면 여러 가지로 소홀한 티가 나기 마련이다. 필요 이상으로 PC에 매달려 있고, 자꾸 나가서 통화하는 횟수가 잦으면 그 사람이 업무와 상관없는 일로 바쁘다는 것을 상사는 눈치로 다 안다.

필자 역시 원고를 퇴근 후와 출근 전 새벽 시간을 활용해 쓰는 것을 원칙으로 정해 실천하고 있다. 회사에서는 회사 일에 집중해야 문제 해결과 아이디어 등 생산적인 감각을 유지할 수 있다. 업무시간에는 회사 일에 집중하고, 퇴근 후에는 자신만의 시간을 만들어라. 퇴근은 하루의 마무리가 아니다. 상사의 못마땅한 얼굴, 동료의 알쏭달쏭한 말을 떠올리며 허비하기에는 너무나 아까운 금쪽같은 시간이다.

뇌를 긍정적으로 전환하는 주문

우리의 뇌는 부정적인 기억을 오래 저장하도록 진화됐다. 이는 살아남기 위한 생존 본능 때문이라고 하는데, 그래서인지 사람은 가만히 놔두면 불만이나 불안감 같은 부정적인 생각에 휩싸이게 된다.

심리상담가이자 문화심리학자인 박상미 코치의 책 《관계에도 연습이 필요합니다》에는 다음과 같은 기분 좋은 글이 실려 있다.

"우리의 뇌는 내 목소리를 가장 좋아한다. 내 목소리로 긍정적인 말을 하거나 좋은 문장을 읽어주면 더 오래 기억하여 실행에 옮기기 위한 준비에 들어간다."

나는 이 글을 읽고, 성공자들의 아침 루틴인 '긍정 확언'이 왜 강력한지를 알게 됐다. 이는 하루를 긍정적이고 생산적으로 만드는 '긍정' 주문을 자신의 뇌에게 들려줘 원하는 방향으로 컨트롤하는 것이다. 앞서 이야기한 박상미 작가는 긍정적인 뇌로의 전환을 위해 매일 자신만의 주문을 외우라고 권했다. 우리도 오늘부터 자신만의 긍정 주문을 만들어, 매일 긍정의 뇌로 살아가보자.

유리멘탈은 소수의 사람만이 가진 문제가 아니다. 사실은 나도 아프고 모두가 아프다. 하지만 마음먹기에 따라 그리고 노력에 따라 우리는 덜 상처받고, 강해질 수 있다. 입사한 지 얼마 되지 않은 신입사원이라도 조급할 필요는 없다. 텃세도 있고, 낯선 업무에 눈치도 보이겠지만 서너 달만 지나면 익숙해진다. 중요한 것은 관계 속에서 작용하는 당신의 마음이다. 저 사람만 없어져도 일할 맛이 날 것 같지만, 인간관계에서 오는 문제는 어느 회사에나 존재한다. 호랑이 피하려다 사자 만난다는 말도 있지 않은가? 내가 바뀌지 않으면 회사가 바뀌고, 사람이 바뀌어도 내 주변 사람은 늘 나쁜 사람이고 비슷한 상황은 반복된다.

자신의 감정을 객관적으로 파악하고, 퇴근 후에는 자기계발을 통해 워라밸을 챙겨라. 그리고 내 목소리를 가장 좋아하는 나의 뇌에게 긍정의 주문을 자주 들려주자. 이제부터 고민과 상처는 줄어들고, 자존감과 멘탈은 강해져서 당신의 직장생활이 훨씬 편해지길 바란다.

당신이 만만해 보이는
진짜 이유

사람들이 자주 하는 착각이 있다. 남에게 친절하거나 호의를 베풀면 그들도 나에게 호의적일 것이라고 생각하는 것이다. 그러나 이는 사람에 따라 다르다. 호의적인 태도에 똑같이 호의가 돌아오는 경우도 있지만 그렇지 않은 경우도 많다. 심지어 어떤 사람은 무리한 부탁을 하거나 무례한 말을 해도 괜찮은 사람으로 여겨지기도 한다. 똑같이 친절을 베풀고 도와주는데 왜 누구는 만만해 보이고, 누구는 존중받는 것일까?

이유는 사소한 습관들 때문이다. 자신을 지나치게 낮추거나, 항상 상대방에게 맞추려는 노력 등 무심코 나오는 말과 행동들이 나를 만만해 · 보이게 만드는 원인이 된다. 이러한 행동들은 주위 사람들이 나를 편하게 대해도 되는 사람으로 인식하게 만든다.

직장에서도 남에게 잘해주고 상처받는 사례는 수없이 많다. 나에게도 무심코 하는 만만한 행동이 있지는 않은지 점검해야 한다. 남이 만만하게 볼 수 있는 특징들을 살펴보며, 자신의 가치를 소중하게 가꿔나가자.

자신을 무리하게 희생하지 마라

스스로를 지나치게 소홀히 하고 남을 우선시하는 사람이 있다. 그런데 그런 행동들은 주위 사람들로부터 인정받는 것이 아니라, 그 사람은 그래도 되는 사람으로 보이게 한다. 예를 들면 우리들의 엄마가 그렇다. 자신은 뒷전이고 항상 가족이 우선이다. 그런 희생의 결과로 엄마는 원래 그렇게 대해도 되는 사람인 줄 안다.

사회생활에서도 마찬가지다. 직장에서 누군가 일을 도와달라고 부탁하면 자기 일이 많은데도 차마 거절하지 못하는 사람이 있다. 좋은 관계를 위해 또는 미움받을까 봐 남의 일을 먼저 해놓고, 자기 일은 늦게까지 남아서 한다. 이런 일이 반복되면 주변 사람들은 그를 무리한 부탁도 무조건 들어주는 사람으로 여긴다. 결국 다른 사람들은 그를 만만하게 보고 일을 계속 떠넘기고, 정작 자기 일이 많을 때, 그는 아무에게도 도움받지 못하게 된다.

한편 만만해 보이지 않고 존중받는 사람은 자기가 해줄 수 있는 범위 내에서 돕는다. 바쁠 때 누가 도와달라고 하면 "지금 내 상황이 이러이러해서 지금은 안 된다. 그러나 하던 일을 빨리 마무리해야 하니 이 일이 끝나면 도와주겠다"라는 식으로 자기 의사를 표현한다. 이렇게 하면 상대는 이 사람을 함부로 부탁해서는 안 되는 사람으로 여긴다. 자기 일을 마치고 도와주면 바쁜데도 시간을 내 도와준 것에 고마움을 느끼고, 언젠가 이 사람이 바쁠 때 꼭 도와야겠다고 생각한다.

반사적 웃음 NO, 명확하게 말하라

일본의 심리학자 나이토 요시히토(內藤誼人)는 《만만하게 보이지 않는 대화법》에서 "상처받았다면 무심코라도 웃지 말라"라고 말했다. 누군가 당신에게 기분 나쁜 말을 하거나 선을 넘는 행동을 한다면 당신을 만만하게 보고 있을 가능성이 높다. 설령 그것이 질투라 하더라도 상대가 만만하지 않다면 함부로 행동하지 못한다. 만만해 보이지 않으려면 가장 먼저 '반사적 웃음'부터 없애야 한다. 그리고 조심스럽게라도 무슨 뜻인지 물어봐야 한다. 불쾌한 농담에도 싫은 내색을 못하면 더 만만하게 보고 수위가 점점 높아질 수 있다. 하지만 마음 약한 평화주의자일수록 이런 상황을 아무렇지 않은 척 애써 웃어넘긴다. 예민하게 반응하면 옹졸해 보일 것 같고, 분위기를 망칠까 봐 참는 것이다. 그러나 최소한의 불쾌함이라도 표현을 해야 더 이상의 말실수와 무례한 행동을 막을 수 있다.

만만해 보이는 이유에 말투를 배놓을 수 없다. 말하기 전에 습관적으로 "음…저…어…" 등을 반복하는 것은 듣는 사람을 초조하게 만들고, 자신감 없는 인상을 준다. 또한 '~인 것 같아서', '~인 것 같아요'를 반복하는 것도 주관이 없어 보여 만만하게 보인다. 좋으면 좋다고 하고, 예쁘면 예쁘다고 말하라. '좋은 것 같아요, 예쁜 것 같아요'는 만만해 보이는 말투다. 더불어 '~인데요', '~한데요'처럼 끝을 흐리는 말투도 똑 부러지는 인상을 주지 못한다. 문장의 끝맺음을 '~입니다', '~합니다'로 명확하게 말하면 듣는 사람에게 또렷한 인상을 준다.

매사에 을을 자처하지 마라

어떤 관계에서나 상대방을 지나치게 배려하고 저자세로 일관하는 사람이 있다. 첫 만남에서는 겸손해 보이고 좋은 사람이라는 평가를 받을지 모르지만, 이런 태도가 계속되면 상대는 슬슬 선을 넘기 시작한다. 물론 이런 상황에서 당신의 겸손함을 존중하고, 더욱 좋은 관계로 발전하는 인격자도 있다. 그러나 잘해줄수록 만만하게 보고, 무리한 부탁도 서슴지 않는 무례한 사람도 있음을 명심해야 한다. 상대방의 무례한 행동이나 무리한 요구에 화가 날 때는 이미 늦는다. 실컷 잘해주고 욕먹는 결과가 이런 경우다. 좋은 사람이 되려다 오히려 인간관계를 망치는 을을 자처하는 습관 3가지를 살펴보자.

첫 번째, 무조건 남의 의견을 따른다. 남의 의견을 존중하는 것과 무조건 따르는 것은 다르다. 직장인도 자기 확신이 없으면 매사에 남의 의견을 따르게 된다. 남의 의견에만 의존하는 일이 반복되면 당신은 무조건 따라주는 만만한 사람이 되기 쉽다. 더 나아가 남이 자기 마음대로 의사 결정한 것을 따라야 하는 불상사가 생길 수 있다. 회의나 토론에서 자신의 의견을 하나씩 표현해보고, 남의 의견에 휘둘리지 않는 태도를 길러야 한다.

두 번째, 과도하게 친절하다. 친절함은 대체로 옳다. 내가 먼저 친절하게 대하면 상대방도 대부분 나를 친절하게 대한다. 그러나 지나친 친절이 때로는 당신을 얕보이게 만들고, 상대가 이를 이용하려는 심리를 부추긴다. 직장에서도 무리한 부탁이나 요구로 자신의 업무에 집중하지 못하는 사람이 있다. 과도한 친절로 타인의 요구를 들어주다가 업무를 방해받지 않도록 스스로를 관리하는 것도 업무 능력이다. 기본적으로 친절한 태도를 가지되 그 경계를 명확히 해야 한다. 모든 요청에 응하기보다 자신의 업무와 시간 관리에 우선순위를 두고, 필요할 때는 정중히 거절하는 용기도 필요하다.

세 번째, 사과를 지나치게 남발한다. 미안함을 모르는 사람도 문제지만, 툭하면 "미안합니다"와 "죄송합니다"를 입에 달고 사는 것도 주의해야 한다. 물론 잘못을 인정하고 사과하는 용기는 그 자체만으로도 훌륭한 인품이다. 그러나 문제는 습관적으로 나오는 사과다. 상대방은 이를 만만하게 보고, 그 사람의 특성을 이용해 자신에게 유리한 방향으로 관계를 이끌어가려 한다. 사과는 필요할 때 진정성 있게 하고, 자신의 의견을 분명히 하는 태도를 가지는 것이 중요하다.

좋은 관계를 유지하기 위해 싫어도 싫다는 표현을 못하고 참는 사람이 반드시 문제가 있는 사람은 아니다. 어쩌면 모든 조직과 사회는 이런 사람들 덕분에 원만하게 유지된다고 볼 수 있다. 하지만 이러한 노력에도 불구하고 이들의 친절과 배려를 이용하려는 사람들이 있다. 이용하고 무시하는 사람이 아닌, 남을 위해 잘해주는 사람을 문제로 다루어야 하는 현실이 슬프다. 하지만 착하고 선한 직장인들이 상처를 덜 받으며, 건강한 사회인으로 성장하길 바라는 마음이다.

직장이란 업무 외에도 배워나가야 할 것이 참 많은 장소다. 아무리 재능이 뛰어나도 마음이 건강해야 능력을 발휘할 수 있다. 스스로 자신의 가치를 소중히 여기고, 만만해 보일 수 있는 말과 행동 습관에 주의를 기울여, 인생이 편해지는 직장생활이 되기를 응원한다.

2장

당신의 가치를
빛나게 메이킹하라

표정은 제2의
강력한 언어다

"은대리, 팀원 중에 제일 힘든 팀원이 어떤 사람인줄 알아요?"

"일 못하는 사람이요? 아니면 자주 실수하는 사람?"

"아니. 무표정한 사람이에요. 일 잘하는 사람은 어차피 10명 중에 3~4명이고, 일은 가르치면 돼요. 표정이 없으니 속을 모르겠고, 무슨 말을 하면 불만 있는 사람처럼 뚱한 사람이 일 못하는 사람보다 더 힘들어요. 출근할 때도 그 표정이 떠올라 한숨부터 나와요. 상사보다 더 무서우면 말 다했죠? 아무래도 내가 못 견디고 먼저 회사를 떠날 것 같아(웃음)."

다른 부서 팀장님의 질문 하나로 시작된 스몰토크였는데, 점점 진지해져서 한참 동안 이야기를 나눴다. 그 후 여러 유형의 후배와 직원들을 겪으면서, 그 팀장님의 말이 새록새록 생각날 때가 있다. 팀장님이 얼마나 힘들었으면 나한테 그런 말을 털어놓았을까…

누군가는 '일만 잘하면 되지 표정이 뭐가 중요해?'라고 생각할지 모른다. 나도 예전에는 그랬다. 학교 다닐 때 말 안 하고 있으면 짝꿍이 화났냐고 묻고는 했다. 그럴 때마다 나는 얼굴 생김이 문제라고 여겼다. 그런데 알고 보니 생김새가 아니라 표정에 답이 있었다. 잘못된 표정 관리로 오해를 줬던 것이다.

직장에서의 표정관리, 왜 중요할까?

어느 날 한 인터넷 기사에서 '얼굴 표정이 평생 연봉을 결정한다'라는 글을 본 적이 있다. 얼굴은 부모로부터 물려받은 천연 자원이지만 표정은 자신의 책임이라는 내용의 글이었다. 특히 우리가 어떤 표정을 짓느냐에 따라 주변 사람들에게 '선호 1호'가 되기도 하고, '기피 1호'가 되기도 한다는 글이 오랫동안 나의 기억에 남아 있다. 이와 같이 표정은 내면의 감정과 태도를 나타낸다. 표정은 대부분 무의식적으로 나온다는 점에서 언어보다도 솔직하다. 직장에서의 긍정적인 표정은 상사와 동료 등 구성원들에게 프로페셔널함을 전달하며, 신뢰를 구축하는 데 중요한 역할을 한다. 반면 '싫은 티'가 얼굴에 바로 나타나거나 불만, 비웃음 등을 보이는 태도는 상대방에게 적대감을 일으키는 갈등의 지름길이다.

팀원들의 표정 관리는 업무 효율성에도 영향을 미친다. 긍정적인 표정을 지으면 협업의 분위기가 좋아지고, 팀원 간에 소통이 원활해진다. 또한 상사와의 편안한 소통을 위해서도 표정 관리는 중요하다. 서두에서 언급했던 무표정한 직원 사례가 말해주듯, 무표정은 표정이 없는 것이 아니다. 이는 어딘가 무섭고 불편한 표정이다. 밝고 온유한 표정은 소통의 문을 열어놓았다는 첫 번째 신호다.

프로는 '포커페이스'의 달인이다

포커페이스는 사회생활의 기본으로, 우리가 장착해야 하는 표정은 단연 미소다. 그렇다고 시도 때도 없이 짓는 미소는 가벼워 보인다. 입꼬리를 살짝 올리는 정도의 온유한 미소가 좋다. 살다 보면 저절로 우러나오는 진짜 웃음도 많지만, 분위기를 부드럽게 만들기 위한 '가짜 미소'도 있다. 가짜 미소는 무표정으로 돌아오는 시간이 짧다고 한다. 진짜 미소는 웃음기가 사라지는 데 몇 초가 걸리지만, 가짜 미소는 필요한 웃음을 지은 뒤 순식간에 사라진다. 보고를 마치고 돌아서는 후배의 미소가 가짜 미소라면? 아무리 강심장 상사라도 가슴이 서늘할 것이다. 그러나 포커페이스의 달인은 미소 짓고 돌아서며 바로 입꼬리를 내리지 않는다.

포커페이스는 단지 표정을 숨기는 기술이 아니다. 감정을 조절하는 능력이기도 하다. 예상치 못한 상황에서도 침착한 표정을 유지한다면 사람들은 당신의 표정에서 안정을 느끼고, 저절로 당신을 더 믿고 의지하게 된다. 포커페이스의 또 다른 장점은 의사소통의 효율성에 있다. 감정적 반응을 최소화함으로써 상대방 또한 표정에 영향을 받지 않고, 차분히 소통할 수 있다. 이러한 능력은 단기간에 습득되지 않는다. 꾸준한 연습과 자기 인식이 필요하다. 중요한 것은 자연스러운 표정과 진실한 태도로, 사람들에게 신뢰를 전달하는 것이다.

표정 및 신체언어가 의사소통의 핵심인 이유

찡그린 얼굴로 옳은 말을 한다면? 상대에게 옳은 말은 안 들리고 나쁜 표정부터 보인다. 비언어적인 신체언어가 말보다 빠르게 전달되고 강력하다는 뜻이다. 수어 전문가들은 코로나 바이러스로 마스크가 필수이던 시기에도 마스크를 쓰지 못했다. 입 모양과 표정이 중요한 정보 전달 수단이기 때문이다. 마스크가 표정을 가리면 의사소통의 정확도가 떨어진다. 이것만 보더라도 표정 및 신체언어는 의도와 뉘앙스를 전달하는 강력한 언어다.

유능한 직장인들은 이러한 비언어적 소통의 특징들을 잘 활용한다. 그들은 긍정적인 표정, 몸짓, 그리고 자세를 통해 직장 내에서 더 신뢰받고, 팀원들과의 관계를 강화한다. 회의 중에 적절한 눈 맞춤과 끄덕임으로 경청하는 모습도 신체언어다. 이는 상대방에게 존중받고 있다는 느낌을 줘서 더 원활한 소통을 가능하게 한다. 눈 맞춤은 당당함을 나타내고, 끄덕임은 상대방의 말을 이해하고 있다는 신호다. 이러한 비언어적 표현은 상대방으로 하여금 더욱 열린 마음으로 대화에 참여하게 만든다. 이처럼 긍정적인 표정 및 신체언어는 팀원 간의 유대감을 높이고, 건강한 직장 문화를 만드는 데 크게 기여한다.

돌이켜 보면 나의 사회생활도 표정에 변화가 찾아오기 전과 후로 나뉜다. 누구나 그렇듯이 입사 초기에는 지적받느라 정신이 없었다. 심사위원처럼 느껴지는 상사들 속에서 내 얼굴이 편했을 리 없다. 그렇게 주눅 든 시기는 1년 이상 지속됐다. 그러나 일이 익숙해지고 자신감이 생기면서, 가장 먼저 찾아온 변화는 바로 거울 속 내 표정의 변화였다. 밝은 에너지는 많은 것들을 변하게 했다. 임원이나 사장님이 나를 찾는 횟수가 많아졌고, 다른 팀 직원들도 환한 내 얼굴만 보면 피로가 다 풀린다고 하면서 다가왔다.

좋아하는 선배가 있었다. 튀는 이목구비는 아닌데 환한 표정이 눈에 띄는 여성이었다. 선거가 한창이던 어느 날, 선거 후보와 스태프들이 지지 호소를 위해 우리 사무실을 방문했다. 그런데 그 후보가 들어오면서 20여 명의 직원들 중, 그 선배한테 먼저 가서 인사를 하는 것이다. 그리고 후보 인사를 하는데 첫마디가 그 선배에 대한 소감이었다. 사무실 문을 열고 들어서는 순간, '아 저분이 이 사무실을 먹여 살리는구나'라고 직감을 했다는 것이다. 그 말에 모든 임직원들은 환호와 박수를 쳐줬고, 그 선배는 그날 스타가 됐다. 환한 표정과 활기찬 걸음걸이가 꿍장히 당당해 보였던 여성이라 그분의 상사들까지도 아낌없는 박수를 보냈다.

동양인은 무뚝뚝한 표정으로 유명하고, 감정 표현도 서툴다. 그런 이유로 한국 사회에서는 밝은 표정을 짓는 사람이 튀는 것인지도 모르겠다. 직장인 중에 표정 관리의 중요성을 알면서도 고쳐지지 않아 고민하는 사람도 많다. 하지만 안 된다고 이를 신경 쓰지 않으면 불필요한 오해를 받을 수 있다. 밝고 온화한 얼굴로 팀원들과 소통하는 연습을 해보자. 또한 '포커페이스의 달인'처럼 꾸준한 연습과 자기 인식을 통해, 감정을 조절하고, 표정을 관리하는 연습을 하자. 당신의 좋은 표정은 당신의 팀과 주위 사람들에게 긍정적인 에너지를 불어넣을 것이다.

호감형 직장인이 되는
상황별 인사법

인사는 예절의 기본이며, 인간관계의 첫걸음이다. 인사는 직장인들이 가장 기본적으로 숙지해야 하는 예절이지만, 가볍게 여기고 지나치는 사람이 있다. 톨스토이(Tolstoy)도 "인사는 부족하기보다 넘치도록 하는 것이 낫다"라고 강조했듯이 좋은 인사는 좋은 인간관계를 만든다. 자신의 이미지를 호감 가게 만드는 가장 쉽고도 강력한 방법이 바로 인사다.

어린이집에 가는 어린이와 엘리베이터에서 만났을 때, 유독 인사를 똘똘하게 잘하는 아이가 있다. 작고 어리지만 인사를 잘하면 교육을 잘 받은 영재처럼 보인다. 그리고 나에게 마음을 열어준 그 아이가 다음에 만나도 반갑고 예쁜 법이다. 직장에서도 마찬가지다. 직무 능력이 동일할 경우, 평소 인사를 잘하는 직원이 좋은 평점을 받는 것은 인지상정이다.

인사도 상황에 맞는 센스가 필요하다. 인사는 적극적으로 하되, 상황과 형식에 맞지 않으면 오히려 결례가 된다. 여기에서는 인사의 중요성과

종류, 상황에 따른 인사법을 알아보자.

사람들은 인성과 태도를 본다

많은 기업이 직원들의 교육을 위해 외부 강사를 초청한다. 상급자의 지적은 꼰대의 잔소리로 들리지만, 외부의 누군가가 이를 알려주면 직원들은 그 메시지를 객관적으로 받아들여 효과적으로 개선된다.

기업이 강사에게 강의를 의뢰할 때는 "강의할 때 이런 이야기는 꼭 좀 말씀해주세요"라고 요청을 한다. 놀라운 점은 일의 스킬이 아닌, 직원들이 회사 내에서 인사를 '제대로' 잘할 수 있게 강의해달라는 요청이 많다는 것이다. 이렇게 사람들은 인성과 태도를 본다. 우리가 무심코 하는 인사 하나로 나를 판단하는 것이다. 따라서 사람들과 잘 지내기 위해서는 인사를 '제대로' 하는 것부터가 시작이다.

인사에도 여러 가지 맛이 있다. 환하게 웃으며 던지는 인사가 희망찬 하루를 열어주는 상큼한 맛이라면, 억지로 대충 하는 인사는 씁쓸한 뒷맛을 남긴다. 그리고 선배의 인사성 유무에 따라 후배의 인사성도 닮아간다. 만약 당신의 선배가 인사성이 부족하다면, 이제부터는 당신이 바른 인사 문화를 만들어가기를 바란다.

밝고 바르게 인사하기

신입사원 시절 2% 아쉬운 것 중 하나가 '좀 더 밝고 적극적으로 인사할 걸…'이다. 어릴 때부터 인사성 밝다는 칭찬은 많이 들었지만, 인사도 어떻게 하느냐가 중요하다는 것을 나는 나중에 알았다.

인사를 할 때는 명확한 목소리로 밝고 바르게 하는 것이 중요하다. 모든 인사는 정중하고 자연스러워야 한다. 또한 당당하고 자신 있게 해야 한다. 인사는 순간적이라서 상대가 인사를 받아줄까 하고 고민하다 보면 타이밍을 놓친다. 상대의 반응보다는 명랑한 직장생활에 의미를 두고, 밝고 바르게 인사하는 습관을 들이자.

인사의 종류

인사를 복잡하고 어렵게 다루고 싶지 않다. 단, 아무 때나 90도로 인사하지 않는다는 것만은 강조하고 싶다.

목례 : 15도 정도 고개를 숙이는 가벼운 인사

눈 목(目)자의 목례는 머리를 가볍게 숙이며 하는 눈인사를 말한다. 화장실이나 엘리베이터와 같은 좁은 장소에서 마주쳤을 때, 고객이나 상사를 여러 번 마주쳤을 때, 또는 회의실에 출입할 때 하는 인사다. 가볍게 하는 인사인 만큼 진심을 담아 인사하는 것이 중요하다.

보통례 : 30도 정도 상체를 숙이는 보통 인사

보통례는 가장 많이 하는 기본적인 인사로, 상체를 30도 정도 굽히는 인사를 말한다. 정수리와 목과 등이 일직선이 되도록 허리를 굽히고, 두 손을 마주 잡는 자세를 취하거나 양팔을 바지 옆선에 자연스럽게 대고 손은 살짝 오므린다. 상사나 웃어른에게 인사할 때, 처음 보는 사람과 인사할 때, 자기소개나 발표할 때 등 가장 많이 하는 인사법이다.

정중례 : 45도 정도 허리를 숙이는 정중한 인사

보통례보다 더욱 정중함을 표현하는 인사다. 처음 뵙는 어른께 인사드릴 때, VIP를 만나거나 배웅할 때, 진심으로 감사를 표현하거나 사과해야 할 때 하는 인사다. 목이 아닌 허리를 45도 정도 숙여서 인사한다.

상황별 인사법

모두 한 번쯤 공동 장소에서 임원과 마주쳤을 때, '아침에 인사했는데 또 해야 되나?' 망설였던 경험이 있을 것이다. 이처럼 가장 쉬우면서도 헷갈리는 것이 인사가 아닐까 싶다. 다음에서는 직장에서 만날 수 있는 다양한 상황별 인사법을 알아보고자 한다.

출근할 때

우리는 하루의 첫 소통을 인사하는 것으로 시작한다. 아침 인사를 할 때는 웃는 모습으로 활기차게 하는 것이 좋다. 매일 보는 사람이라고 습관처럼 건성으로 하는 것은 아닌지 자신을 점검할 필요가 있다. "안녕하세요?" 또는 "좋은 아침입니다", "팀장님, 좋은 하루 되세요" 같은 분명한 인사말과 행동으로 인사하는 것이 중요하다. 상사가 출근하면 자리에서 일어나 밝게 인사하는 것이 정석이다.

아침이 아닌 하루 일과 중에 마주칠 때

일과 중에도 공동 장소나 엘리베이터에서 상사나 동료들을 자주 마주치게 된다. 하루 중 처음 만났을 때는 보통례로 밝게 인사하고, 여러 번 마주칠 때는 밝은 표정의 목례로 대신한다. 업무나 작업 중에는 상황에 맞게 해야 한다. 인사할 여유가 있다면 인사하고, 도저히 인사할 수 없는 상황에서는 업무에 집중해도 상관없다.

잘 모르는 다른 부서 사람과 마주쳤을 때

나를 알든 모르든 인사해서 손해 보는 일은 없다. 인사를 잘하면 적극적이고 밝은 성격으로 보인다. 그 사람도 인사하고 싶었지만, 용기를 못 낸 사람일 수 있다. 모르는 상대방이 먼저 인사를 건넬 때도 같이 인사로 답례를 갖춘다. 열 번을 마주쳐도 그냥 지나가는 사람보다, 한 번을 마주쳐도 인사를 나눈 사람에게 더 호감이 간다.

예상치 못한 곳에서 갑자기 마주쳤을 때

화장실은 상사, 후배 서로가 민망한 장소다. 용무 중일 때는 인사를 하지 않는 것이 예의다. 용무 전이거나 용무 후 눈이 마주쳤을 때는 대체로 가벼운 목례를 하는 것이 맞다. 예의 없는 사람으로 인식되는 것보다는, 어느 상황에서도 예의를 지키는 습관이 필요하다.

코너를 돌다가 상사와 부딪칠 듯 갑자기 마주칠 때도 있다. 너무 놀라는 소리는 주의해야 한다. 옆으로 비켜서면서 목례로 대신하되, 상사가 손님과 함께 있다면 정중하게 인사한다.

퇴근할 때

퇴근할 때도 하루를 마무리하며 존중을 표현하는 인사를 한다. 선배나 상사에게는 보통 "먼저 퇴근하겠습니다", "내일 뵙겠습니다", "즐거운 저녁 되세요"라고 인사한다. 동료나 후배한테는 "수고하세요", "먼저 갈게요", "내일 만나요" 같은 인사가 적당하다.

인사에 관한 질문들

인사는 누가 먼저 해야 하나요?

인사는 먼저 본 사람이 한다. 즉, 내가 먼저 하는 것이다. 후배와 선배가 만났을 때 후배가 먼저 하는 것이 맞지만, 후배가 실수로 놓치더라도 먼저 본 선배가 모범을 보이면 된다.

상대방이 인사를 잘 안 받아주는데 매번 해야 하나요?

실제로 인사를 잘 안 받아주는 거래처 임원이 있었다. 손은 이 사람과 악수하면서 얼굴은 저 사람을 보기로 유명했다. 나중에 알고 보니 자신은 전혀 의식하지 못하고 있었다며 미안하다고 사과했다. 인사 예절은 그분부터 배워야 하는 것이 맞지만, 그런 상사가 회사에 있더라도 인사는 꼭 하기를 추천한다. 그냥 내가 할 도리는 나부터 하고 보자.

먼저 인사만 잘해도 당신은 이미 호감형이다. 남의 인사에 얼떨결에 따라 하는 것보다는 당신이 먼저 밝은 얼굴로 인사하라. 이렇게 쉽고 간단한 인사도 습관이 되지 않으면 하루아침에 바꾸기 어렵다. 꾸준한 실천을 통해 자연스러운 인사가 나오도록 하자. 상사와 동료뿐 아니라 미화 담당 직원분들에게도 상냥하게 인사하자. 인사는 상대방을 존중하는 의미와 함께, 자신의 인격과 교양을 표현하는 행동이다. 인사는 이미지 변신에도 도움이 된다. 인사를 잘하면 소극적인 사람도 활발하고 적극적인 사람으로 보인다. 무엇보다 인사는 마음의 문을 여는 열쇠다. 선배와 윗사람들도 인사를 잘하는 후배에게 호감을 느끼고, 더 챙겨주고 싶은 마음이 생기기 마련이다.

신뢰를 쌓는
직장생활 에티켓

한 끗 차이로 귀감이 되는 사람을 보면 후배라도 존경심이 생긴다. 직장에서도 선후배를 막론하고 좋은 평가를 받는 사람들이 있다. 그들의 공통점은 바로 에티켓, 즉 도리와 규범을 잘 지킨다는 점이다. 에티켓은 강제적인 규율이 아니기에 소홀한 사람은 많은 부분을 놓치지만, 지키는 사람은 철두철미하게 실천한다.

연차가 쌓여도 직장생활 에티켓은 중요하다. 하지만 처음부터 기본자세를 갖추지 않으면, 몰라서도 못하고 알면서도 안 하게 된다. 누군가가 세세하게 가르쳐주지도 않지만, 어긴다고 해서 야단치기도 애매한 것이 직장생활 에티켓이다. 여기에서는 사소하지만 중요한 직장생활 에티켓과 구체적인 팁을 소개하려고 한다. 자신부터 실천해야 후배에게 가르칠 수 있으며, 기본에 충실한 팀을 이룰 수 있다.

남들보다 일찍 출근하라

신뢰감을 주는 근무태도의 첫 번째는 모범적인 출근이다. 입사 초기에는 일을 잘해서 인정받는 것이 아니다. 회사도 신입에게 대단한 성과를 기대하지 않는다. 얼마나 성실하고 능동적인 자세를 가졌는지를 평가한다. 정해진 출근 시간보다 조금 일찍 출근하는 것을 추천하지만 최소한 지각은 면하자.

내가 가장 먼저 출근하던 시절, 입사하자마자 나보다 더 일찍 출근하는 직원은 딱 2명이 있었다. 그들은 업무처리 능력도 뛰어났다. 매사에 주도적이고 책임감도 강했다. 그중 1명은 15년 전 직원이었는데 지금도 내 기억 속에 프로로 남아 있다. 출근 시간은 대부분 일에 대한 열정과 비례한다. 이렇듯 입사 초반에 쌓인 이미지와 평판은 그 회사에서의 평생을 좌우한다고 해도 과언이 아니다.

지각 시 상사에게 사전 연락

만약 회사에 지각할 상황이 생긴다면 상사에게 먼저 연락해서 지각 사유를 설명하며 미안함을 전하고, 양해를 구해야 한다. 예를 들어 늦잠을 잤거나 대중교통 문제로 지각하게 될 경우 현재의 상황과 최대한 빨리 이동하고 있음을 알리고, 예상 도착 시간을 전달하는 것이 중요하다. 이렇게 함으로써 상사는 상황을 이해하고, 적절한 조치를 취할 수 있다.

병원 예약이나 개인적인 일로 지각이 예상된다면, 사전에 미리 상사에게 알리고 양해를 구해야 한다. 사람은 누구나 비슷한 패턴을 반복하는 습관이 있다. 지각하는 습관이 있다면 평소 출근 루트를 미리 점검하고, 예상치 못한 상황에 대비해 여유 시간을 두고 출발하는 노력이 필요하다.

질병으로 인한 결근 시 올바른 보고 방법

감기몸살이나 컨디션 난조로 인해 결근이 불가피할 경우, 갑자기 문자만 보내는 것은 통보에 지나지 않는다. 많은 직장인과 생활해본 경험에 따르면, 무단결근이나 갑작스러운 통보는 한 번도 하지 않는 사람과 습관적으로 하는 사람으로 나뉜다. 즉 한 번의 실수로 끝나는 경우는 드물다는 것이다. 무단결근은 직장생활뿐 아니라 모든 관계에서 신뢰를 잃게 만드는 행동이다. 특별한 상황이 아니라면 가족이 대신 연락하는 것도 바람직하지 않다. 증상과 예상 회복 기간을 알리는 소통을 함으로써 상사는 상황을 더 잘 이해할 수 있고, 필요시 업무 조정을 할 수 있다.

이미지를 좋게 하는 출근 복장

입사 초반에는 일만큼 중요한 것이 이미지를 잘 만들어가는 것이다. 출근 복장을 결정할 때는 회사의 분위기와 문화에 맞춰 적절한 복장을 선택해야 한다. 전통적인 기업이나 금융회사는 유니폼이나 정장을 갖춰 입는다. 대부분의 회사는 일명 '여의도 직장인 패션' 정도의 복장이 적절하다. 너무 화려하거나 캐주얼한 복장은 피하고, 신뢰감을 주는 캐주얼 정장이나 실용적인 오피스룩을 선택하자. 특히, 첫 출근 날은 조금 더 신경 써서 단정하게 갖춰 입는 것이 좋다. 스타트업이나 창의적인 업종에서는 캐주얼한 복장을 선호하기도 한다. 하지만 유의할 점은 아무리 캐주얼한 복장이라 해도 비즈니스 공간에서 입는 복장이므로 최소한의 매너를 갖춘 복장이어야 한다는 것이다.

요약하면 여름철에는 너무 얇은 옷이나 지나친 노출은 피하고, 겨울철에는 너무 두꺼운 옷 대신 겹쳐 입는 스타일로 입어서 실내외 기온에 따라 센스 있게 복장을 조절한다. 그러나 복장이 아무리 적절해도 청결하지 않으면 좋지 않은 인상을 준다. 항상 깔끔함을 유지하고, 단색이나 심플한 패턴으로 너무 튀지 않게 입는 것을 추천한다.

점심시간 엄수하기

점심시간을 지키는 것은 직장생활의 기본 예의 중 하나다. 점심시간을 제대로 지키지 않으면 시간 관리가 부족한 사람으로 보일 수 있다. 상사가 겉으로는 참지만, 속으로는 짜증이 났을 수 있다. 만약 손님이 오거나 긴급한 사정으로 인해 복귀가 늦을 것 같다면, 상사에게 미리 말하고, 들어오기로 약속한 시간을 지키도록 하자.

점심시간에 상사에게 말없이 나가는 것도 예의에 어긋난다. 상사와 함께 식사하러 갈 때는 상사가 "식사하러 갑시다"라고 할 때 함께 움직이는 것이 가장 좋다. 상사가 업무에 몰두해 점심시간을 잊고 있다면, "팀장님, 식사부터 하세요"라고 알려준다. 혼자 식사할 경우에는 "먼저 다녀오겠습니다"라고 말하고 자리를 떠난다. 점심시간은 식사만을 위한 시간이 아니라 재충전의 시간이다. 이 시간을 잘 활용해서 오후 업무에 더 집중할 수 있도록 하자.

외근 후 퇴근 시 바람직한 태도

외근을 마치고 사무실로 돌아오면, 상사나 선배에게 "○○○ 다녀왔습니다"라고 먼저 보고한다. 이 간단한 인사가 소통의 첫걸음이다. 상사나 선배는 후배가 외근을 마치고 돌아왔는지, 업무는 잘 처리됐는지 궁금해한다. 만약 상사가 지나가는 팀원에게 "A대리 연락 없어?"라고 물었을 때, "A대리 아까 들어왔는데요"라는 말을 듣는다면 기분이 어떨까? 상사는 갸우뚱할 수밖에 없다.

외근 후 퇴근시간이 가까워질 때도 주의해야 한다. 일방적으로 "시간상 바로 퇴근하겠습니다"라고 문자만 보내는 것보다는, 전화를 걸어 업무 진행 상황을 보고하고, 상사의 지시를 따르는 것이 좋다. 형식적인 보고가 목적이 아니다. 외근 후 진행 상황 보고는 직장에서 마땅히 지켜야할 예의이자, 상황에 맞는 소통으로 신뢰를 쌓는 기술이다.

상사가 외근 후 돌아오면

상사든 후배든 외근을 나갈 때 잘 다녀오시라고 인사하는 것은 기본 중의 기본이다. 그런데 간혹 상사가 외근 후 돌아오면 인사를 해야 되냐고 묻는 직장인이 있다. 인사를 하긴 해야 될 것 같은데 뭐라고 해야 될지 모르겠다고 하는 사람도 있다. 이런 질문에 의아했지만, 나의 초년생 시절을 돌이켜 보면 놀랄 일도 아니다. 외근 후 들어오는 윗사람과 마주쳤을 때, 순간 어떻게 인사해야 할지 몰라 타이밍을 놓치고 후회했던 일이 한두 번이 아니었으니 말이다. 이런 질문을 보면서 '아, 사회초년생 시절에는 아무것도 아닌 일도 어렵게 느껴지는 것이 예나 지금이나 마찬가지구나!'라는 생각이 들곤 한다. 다음은 한 온라인 커뮤니티에 올라온 질문과 댓글을 익명으로 재구성해서 옮겨본 것이다.

질문자 : "상사가 외근 후 돌아오면 인사를 해야 하나?"

댓글 1 : "인사 안 해서 욕 먹는 일은 있어도, 인사해서 욕 먹는 일은 없음."
댓글 2 : "오늘 어떠셨어요? 밖에 덥죠? 뭐 이렇게 하지."
댓글 3 : "다녀오셨어요? 고생하셨습니다~ 정도는 함."
댓글 4 : "인사하는 게 그다지 어려운 일은 아니니까 나는 해."
댓글 5 : "잘 다녀오셨어요? 차는 안 막히셨어요? 오버하지 않고 딱 이 정도."

현장감 있는 직장인들의 말투가 정겨워서 옮겨봤다. 상사 입장에서는 후배의 이런 인사 한마디가 피로를 날리는 비타민과 같다. 상사뿐 아니라 선후배를 가리지 말고, 외근이나 출장 후 돌아오는 사람에게 작은 인사 한마디로 따뜻함을 전하기를 바란다.

'예쁨도 미움도 다 자기 할 탓이다'라는 말이 있다. 누구나 열심히 일하지만, 도리와 규범을 지키고 올바른 태도를 지닌 사람이 좋은 평판과 신뢰를 얻는다. 입사 초기에 쌓아놓은 신뢰감 있는 모습은 직장생활의 미래를 결정짓는 중요한 초석이 된다.

첫인상을 좌우하는
비즈니스 매너

세련된 비즈니스 매너를 발휘할 기회는 예기치 않은 순간에 찾아온다. 이때 준비된 매너를 보여줄 수 있다면, 한층 빛나는 첫인상을 줄 수 있다. 세계적인 경영 컨설턴트 톰 피터스(Tom Peters)도 사회생활 생존 키워드로 좋은 매너를 꼽았다. 이처럼 매너는 오늘날에도 성공적인 인간관계를 맺는 중요한 요소이며, 직장인에게 꼭 필요한 능력이다.

비즈니스 매너는 단순한 예의가 아니라, 꾸준한 연습을 통해 몸에 배어야 하는 습관이다. 이러한 습관이 쌓여 당신의 품격을 이룬다. 지금부터 직장인이 꼭 갖춰야 할 악수 매너, 명함 교환 매너, 소개 매너를 살펴보고자 한다. 자신감 없는 태도로 어색하게 대응하는 일이 없도록 미리미리 준비하자.

올바른 악수 매너

손은 고대 로마인들에게 신뢰의 상징이었다. 악수는 당신을 신뢰한다는 것을 의미하며, 중세 기사들이 '나에게는 무기가 없다'라는 뜻을 전하기 위해 손을 보여주려는 행동에서 시작됐다고 한다. 손을 잡음으로써 마음의 문을 열고, 손을 흔드는 동작으로 하나가 된다는 의미를 전달한다. 이렇게 시작된 악수는 오늘날까지 이어져, 전 세계에서 가장 널리 사용되는 비즈니스 인사로 자리 잡았다. 특히 첫 만남에서의 악수는 상대방에 대한 신뢰와 존중을 표현하는 수단이다. 또한 손을 잡는 힘이나 방식에 따라 상대방의 비언어적 메시지가 느껴지므로 첫인상을 결정짓는 중요한 역할을 한다.

악수하는 방법

- 순서 : 악수는 서열 높은 사람이 먼저 청한다. 서열 높은 사람이 청하지 않으면 안 해도 된다. 서열을 구분하지 않는 남성, 여성의 경우 여성이 먼저 손을 내민다.
- 손 : 반드시 오른손을 사용하며, 장갑은 벗고 한다. 적당한 악력으로 잡고 상하로 2~3번 정도 흔들되, 서열 높은 사람이 주도적으로 흔들게 해야 한다.
- 시선 : 밝은 미소로, 눈은 손이 아니라 상대방의 눈과 부드럽게 시선을 맞춘다.
- 자세 : 서양은 허리를 곧게 펴고 하지만, 우리나라 정서상 아랫사람

은 몸을 약간 굽힌다.

- 청결 : 손이 지저분할 경우 양해를 구하고 보통례로 대신한다.
- 인사말 : 악수와 동시에 "반갑습니다", "오랜만입니다" 등의 간단한 대화를 곁들인다.

악수할 때 주의사항

- 데드피시형 : 일명 죽은 생선 악수로, 힘없이 느슨한 악수 또는 상대의 손을 제대로 잡지 않고 손을 뻣뻣하게 펴고 있는 악수를 말한다. 이는 무관심과 비호감을 나타낸다.
- 바이스 악수 : 손을 너무 세게 흔들고, 너무 세게 잡는 악수로 상대에게 위압감을 준다.
- 핑크핀치형 : 손가락 끝만 잡는 형태로, 진심이 느껴지지 않으며, 소극적인 인상을 준다.
- 두 손 악수 : 한 손으로 하는 악수보다 정겨워 보일 수 있지만, 한 손이 상대방 손 위로 올라가면 상대방을 제압하려는 인상을 준다.
- 시간 : 손을 너무 오랫동안 잡고 있거나 세게 흔들지 않도록 주의한다.
- 왼손 : 악수할 때 왼손을 주머니에 넣거나 뒷짐 지는 행동은 금한다.
- 손장난 : 상대에게 손가락 장난으로 호감을 표하는 것은 예외 없이 실례다.
- 예외 : 오른손 장애가 있거나, 손을 보호해야 하는 상대에게는 상황에 맞게 따른다.

올바른 명함 교환 매너

직장생활을 하다 보면, 외부인과 명함을 교환하며 통성명을 하는 일이 자주 생긴다. 명함은 자신을 상대방에게 가장 효과적으로 각인시키는 수단이다. 하지만 우리 주변에는 제대로 된 명함 예절을 교육받은 직장인이 드물다. 명함 교환이 단순히 전화번호를 주고받는 행위라고 생각하면 곤란하다. 간단한 명함 매너만으로 상대방에게 호감과 신뢰를 줄 수 있으며, 반대로 불쾌감을 줄 수도 있다. 또한 명함 교환은 첫 만남에서 어색함을 줄여준다. 사회초년생이라고 해서 명함을 주고받을 일이 없다는 방심은 금물이다.

명함을 건넬 때

- 일반적으로 아랫사람이 윗사람에게 인사드리는 차원에서 먼저 건넨다.
- 상대방이 먼저 명함을 건네면, 두 손으로 먼저 받은 후 자신의 명함을 건넨다.
- 동시에 주고받을 때는 오른손으로 건네고 왼손으로 받는다.
- 타사에 방문한 경우는 지위에 상관없이 방문자가 먼저 건네는 것이 예의다.
- 선 자세로 교환한다. 테이블 바닥에 놓고 밀어서 전달하지 않는다.
- 상대와 눈을 마주치고 회사명(부서명), 이름을 간단히 소개하며 명함을 건넨다.
- 이름을 상대방이 읽을 수 있도록 돌려서 두 손으로 건넨다. 세로 명

함은 세로로 건넨다.

• 직선으로 건넬 시 공격적인 느낌을 줄 수 있다. 가슴 높이에서 약간의 포물선을 그리듯 아래로 내리면서, 가슴과 허리선 사이 높이에서 건네는 것이 좋다.

명함을 받을 때

• 받을 때는 상대방 명함의 이름을 가리지 않게 명함 양 끝을 잡으며 받는다.

• 받은 명함은 바로 넣지 말고, 두 손으로 잡고 보며 명함의 내용 중 한 가지 정도를 언급하는 것이 자연스럽다. 부득이하게 주머니에 넣어야 할 때는 상의 주머니에 넣는다.

• 모르는 한자는 그 자리에서 묻는 것이 좋다. "실례지만 성함을 어떻게 읽습니까?"

• 서서 명함을 교환 후, 자리에 앉아서 테이블 오른쪽에 두고 상대의 이름과 직책을 부르며 이야기를 나눈다.

• 여러 명에게 명함을 건네는 경우, 윗사람부터 한 사람씩 교환한다. 이때 상대를 혼동하지 않기 위해 상대방이 앉은 순서대로 나란히 배치해놓는다.

명함 교환 시 주의사항

• 명함을 찾느라 허둥대지 않게 만날 사람의 2배 이상의 명함을 미리 준비한다.

• 미팅 후에는 상대방의 명함을 반드시 챙기고, 케이스에 잘 넣어 좋은

인상을 남긴다.

- 구겨지거나 지저분한 명함은 자신의 첫인상과 회사의 이미지를 실추시킨다.

- 앉은 자세에서 명함 요청을 받아도, 일어서서 건네고 다시 앉는 것이 기본 예의다.

- 상대방의 명함을 든 상태에서 제스처를 하거나, 부채질을 하지 않는다.

- 상대방의 명함 여백에 꼭 기입할 사항이 있다면, 양해를 구하거나 헤어진 뒤에 메모한다.

- 명함은 명함 전용 지갑이나 케이스에서 꺼내어 전달한다. 자신의 명함과 받은 명함을 분리 보관할 수 있는 케이스가 좋으며, 떨어뜨려도 소음이 나지 않는 소재가 좋다.

올바른 소개 매너

중요한 자리에서 서로를 인사시키는 소개자가 될 때가 있다. 또한 소개자를 통해 소개를 받게 되는 경우도 있다. 비즈니스 만남에서는 소개에도 올바른 순서와 매너가 있다. A를 B에게 먼저 소개해야 할지, 아니면 반대로 해야 할지, 모르면 어려운 법이다. 올바른 소개 매너를 알아보자.

타인을 소개하는 순서

- 윗사람(높은 지위, 연장자, 선배)에게 아랫사람(낮은 지위, 연소자, 후배)을 소개

한다.

- 지위나 연령이 비슷한 경우는, 자신과 친한 사람을 상대방에게 소개한다.

- 이성 간에는 남성을 여성에게 소개하며, 미혼자를 기혼자에게 소개한다.

- 내부인(회사 동료, 본인의 가족)을 외부인에게 소개한다.

- 여러 사람을 소개할 때는 소개자가 왼쪽에서부터 한 사람씩 차례대로 소개한다.

- 한 사람과 여러 사람일 경우에는 한 사람을 여러 사람에게 소개한다.

- 대통령이나 성직자는 남성과 여성, 기혼과 미혼 등의 기준에서 예외다.

소개받을 때

- 소개받는 두 사람은 반드시 일어서서 웃는 얼굴로 인사를 나눈다.

- 소개를 받으며 주고받는 적당한 인사말은 상대방에게 좋은 인상을 심어준다.

- 소개받은 연장자가 악수 대신 간단한 인사를 하면, 연소자도 미소와 목례로 인사한다.

- 커플을 소개받은 경우, 동성 간에는 악수를 하고, 이성 간에는 목례로 대신한다.

- 소개받은 상대방의 이름은 반드시 외우도록 노력한다. 혹시 생각나지 않으면 소개자에게 조용히 확인하는 것이 예의다.

- 상대방이 자신의 이름을 잘 몰라서 당황하면 다시 한번 이름을 알려

주는 것이 배려다.

- 소개를 받은 후 자신을 소개해야 할 때는 소속과 이름을 밝히며, 자신의 이름을 또렷한 목소리와 발음으로 소개하는 것이 가장 중요하다.

지금까지 사회생활의 기본이 되는 비즈니스 매너를 알아봤다. 쉬운 듯 까다롭고, 다 아는 것 같아도 완벽할 수 없는 것이 비즈니스 매너다. 예를 들어 남성보다 여성이 먼저 청하는 것이 악수의 기본이지만, 남성이 먼저 반갑게 악수를 청했다고 해서 문제가 되지 않는 것처럼 말이다. 하지만 알면서 융통성 있게 하는 것과 몰라서 하는 실수에는 큰 차이가 있다.

전부 익숙해질 때까지는 기본적인 순서만 알아도 크게 예의에 어긋나지 않는다. 요약하면, 악수는 서열이 높은 사람이 낮은 사람에게, 연장자가 연소자에게 청하고, 명함은 서열이 낮은 사람이 먼저 건네며, 가슴 높이에서 상대방이 읽을 수 있게 돌려서 건넨다. 의미가 있는 자리에서 사람을 소개할 때는 서열이 낮은 사람을 서열이 높은 사람에게 먼저 소개한다. 한 사람과 여러 사람일 경우 한 사람을 여러 사람에게 먼저 소개한다. 이와 같이 세련된 비즈니스 매너를 숙지한다면, 어느샌가 우아하고 당당한 자신의 모습을 보게 될 것이다.

상사는 신입사원에게
어떤 모습을 기대할까

설렘과 두려움이 뒤섞인 감정, 직장인이라면 한 번쯤은 그 순간을 맞는다. 처음 직장에 발을 들인 신입사원은 다양한 변화를 겪는다. 변화를 체감하는 느낌과 적응력은 사람마다 다르다. 경력이 짧아도 업무에 임하는 자세와 하루 일과가 안정적인 사람이 있다. 이런 사람에게는 일을 맡겨도 마음이 놓인다. 반면, 신입사원 이미지를 벗을 때가 지났어도 여전히 불안하고, 실력이 늘지 않는 사람이 있다. 눈앞에 놓인 일만 하는 사람, 늘 하는 일도 매번 시켜야만 하는 수동적인 직원은 상사의 입장에서 보면 후배 시집살이의 시작일 수밖에 없다.

그렇다면 이 둘의 차이는 어디에서 올까? 대체로 일머리와 센스를 가진 사람이 직장생활 적응도 빠른 것은 사실이다. 하지만 뒤늦게 파악하고 눈치와 센스를 장착하는 일잘러도 적지 않기에, 결국 중요한 것은 개인의 노력임을 알 수 있다. 이렇게 예측할 수 없는 새로운 후배와의 만남에 선배들도 기대 반 두려움 반의 마음이다. 그렇다면 상사와 선배들이 신입사원에게 기대하는 모습은 무엇일까?

긍정적이고 적극적인 자세

상사들은 긍정적이고 적극적인 태도를 가진 신입사원을 기대한다. 긍정적인 에너지는 팀에 좋은 영향을 미치며, 어려움이 찾아와도 포기하지 않고 문제를 해결하려는 의지를 보여준다. 적극적인 사람은 맡은 일을 열정적으로 수행하며, 자신의 분야에 대해 끊임없이 배우고, 성장하기 위해 노력한다.

회사에서 처음 맡게 되는 업무들은 대부분 이전에 경험해본 적이 없는 일이다. 그러니 모르는 것은 부끄러운 것이 아니다. 무엇을 모르겠는지, 어떤 부분에서 어려움이 있는지를 상사나 선배에게 솔직하게 물어봐야 한다. 회사에서 제공하는 자료가 있는지 물어보고, 온라인 강의나 업무 관련 서적 등을 활용해 매일 10분이라도 학습하는 습관을 들이도록 하자.

처음에는 뚜렷한 업무보다는 단순하고 소소한 잡무가 대부분일 수 있다. 회사생활의 시작에서 작은 일이라도 소중히 여기고 최선을 다하는 태도가 중요하다. '필요하면 시키겠지'라며 기다리는 것보다 "무엇을 할까요?", "도와드릴 일 있을까요?"라고 먼저 물어보는 적극적인 모습을 상사도 좋아할 것이다. 배우려는 사람은 결국 잘하게 된다.

맡은 업무에 대한 책임 의식

책임 의식이란 맡은 업무를 책임지고 해내는 태도다. 업무에 대한 책임 의식은 모든 직장에서 중요한 화두로 꼽힌다. 상사 마음에 안 들어서 혼나더라도 해놓고 혼나는 것이 낫다. 맡은 일을 해놓지도 않고, 이래서 안 했고 저래서 안 했고 변명하는 것은 신뢰할 수 없는 면모를 보여주는 것이다. 업무를 수행하는 중에 문제가 발생하면, 주도적으로 해결책을 모색하되 혼자 해결하려 애쓰지 말고 상사에게 보고해서 도움을 요청하자. 문제 상황을 명확하게 설명하고, 가능한 해결책을 제시하며 문제를 함께 해결하려는 책임 의식이 필요하다. 예를 들어, 특정 프로젝트에서 데이터 오류가 발생했을 경우 "데이터에 오류가 발생했는데요, 어떻게 할까요?"라고 상사한테 떠넘기는 보고를 하는 사람이 대부분이다. 이는 무책임한 태도다. 최소한 "해당 데이터에서 오류가 발생했습니다. 이를 해결하기 위해 이렇게 해보려고 합니다"라는 식으로 보고하고, 추가적인 조언을 구하는 것이 좋다. 조직과 상사는 이렇게 책임감 있는 사람을 원한다.

회사 문화와 환경에 빠르게 적응하는 능력

상사와 선배들은 신입사원이 팀의 일원으로서 다른 팀원들과 잘 협력하고, 공동의 목표를 위해 노력하기를 기대한다. 낯선 문화와 환경에 빠르게 적응하기 위해 다음 3가지를 중점적으로 노력해보길 바란다.

먼저 회사의 목적, 미래 방향, 그리고 주요 원칙들을 파악한다. 그리고 회사가 추구하는 주요 가치를 일상 업무에 반영하는 것이다. 예를 들어, 회사의 핵심 가치가 '팀워크'라면, 팀원들과 협력적인 자세로 업무를 진행하는 데 중점을 둔다. 만약 회사가 고객 만족을 중시한다면 고객과의 소통에서 고객 만족의 가치를 최우선으로 삼는 것이 좋다.

두 번째, 회사의 규칙과 프로세스를 세부 사항까지 이해하려 노력한다. 드레스 코드, 회의 절차, 문서의 양식이나 작성 규정 등을 빠르게 파악하자.

세 번째, 팀원들과 좋은 관계를 맺는다. 점심시간이나 휴식시간을 이용해 대화하고, 회의나 프로젝트에 적극적으로 참여한다. 팀원들과 좋은 관계를 맺으면 협업이 수월해지고, 보다 편안한 업무 환경을 만들 수 있다.

피드백을 수용하고 성과 향상에 반영

피드백은 성장을 위한 중요한 과정이다. 피드백을 통해 성장하려면 피드백 경청, 행동 계획 수립, 정기 피드백 요청과 같은 구체적인 노력이 필요하다. 이를 하나씩 살펴보도록 하자.

첫 번째, 피드백을 받을 때 방어적인 태도를 보이지 않고, 열린 마음으로 경청하는 자세다. 트로트 경연 프로를 보다 보면 심사위원인 선배 가수들이 가장 큰 보람과 무한 감동을 느끼는 순간이 있다. 후배가 선배의 지적과 피드백을 자신의 노래에 적용해서 좋은 결과를 얻었을 때다. 메모를 하면서 경청하고, 이해되지 않는 점이 있으면 질문하자. 모호한 피드백이 주어졌을 때는 구체적인 예시나 방법을 물어보는 것이 좋다. 예를 들어 고객 응대가 부족하다는 피드백을 받았다면, "구체적으로 어떤 부분이 부족한지 말씀해주실 수 있나요?"라고 물어서, 문제를 정확히 이해하고자 하는 노력이 필요하다.

두 번째, 피드백을 바탕으로 개선을 위한 행동 계획 수립이다. 예를 들어 발표 능력 향상에 대한 피드백을 받았다면 '프레젠테이션 스킬 향상을 위해 매주 금요일 저녁 발표 연습'이라고 계획을 세우고 실천한다. 피드백을 반영한 후에는 피드백을 주신 분에게 점검받을 기회를 만든다.

세 번째, 정기적인 피드백 요청이다. 상사에게 정기적으로 평가 미팅을 요청해 자신의 발전 상황을 점검받고, 새로운 목표를 설정한다. 이를 통해 업무 능력을 향상시키고, 지속적으로 성장할 수 있다.

자발적이고 능동적인 태도

자발적이고 능동적인 태도를 가지기 위해서 우리가 갖춰야 할 3가지 자세가 있다. 첫째, 상사의 지시만을 기다리지 않는다. 자신의 업무 외에도 도움이 될 수 있는 일을 자발적으로 찾아서 하는 모습이다. 또한 "이 부분을 더 빠르게 처리할 수 있는 방법을 찾아봤는데 보여드릴까요?"라고 아이디어를 제시하거나, "선배님, 바쁘시면 이 부분은 제가 도와드려도 될까요?"라고 물어보는 후배는 생각만 해도 사랑스럽다. 자발적이고 능동적인 태도는 결코 손해가 아니다. 상사는 본능적으로 하고자 하는 사람을 키우고 싶어 한다.

둘째, 조직에 필요한 지식이나 기술을 자발적으로 학습하는 태도다. 회사에서 자주 사용하는 소프트웨어나 기술을 미리 공부하고, 이를 업무에 적용해보는 것이다. 이렇게 자발적이고 능동적으로 자신의 업무능력을 향상시키는 사람이 회사에서 필요한 인재로 성장한다.

셋째, 문제 상황에서 해결책을 제시하는 능동적인 태도다. 일에 애정이 있는 사람은 단순히 문제를 보고하는 것에 그치지 않는다. 예를 들어 "이 과정에 시간이 많이 소요되는 것 같습니다. 이 부분에 자동화를 도입하면 어떨까요?", "제가 가성비 좋은 프로그램을 알아봤는데, 한번 보여드릴까요?" 이런 식으로 제안하는 것이다. 능률과 효율을 위해 변화를 추구하는 상사라면 이런 당신을 팀에 도움이 되는 사람이라고 생각할 것이다.

성실함과 솔선수범

성실하고 솔선수범하는 태도는 긴 시간 신뢰를 쌓는 핵심 요소다. 상사는 자신밖에 모르는 이기적인 사원보다 헌신적인 태도로 동참하는 사원을 원한다. 먼저 정해진 출근 시간을 엄수하고 근무 시간을 준수해야 한다.

상사들이 눈여겨보는 점이 또 하나 있다. 바로 공동 장소 청소와 잡무의 솔선수범이다. 대기업은 사무실 청소나 관리가 용역에 의해 해결되지만, 대부분의 직장은 각자에게 정해진 루틴한 청소나 소소한 잡일이 있다. 이런 일들은 누구나 싫어한다. 특히 생산적인 업무나 기획에 집중하고 싶은 상사들은 이제는 이런 일들을 후배들이 맡아서 해주길 바란다. 모든 직원들이 사용하는 공동 공간을 깨끗이 유지하고, 필요할 때는 소소한 일을 자발적으로 돕는다. 잡무와 허드렛일도 업무의 일부라 생각하고 충실하게 임하기 바란다.

일잘러들의
공통적인 업무 습관

시간 관리의 첫걸음, 일을 구분하라

한 번에 여러 종류의 일이 주어질 경우, 일잘러는 본능적으로 우선순위를 파악하고, 말끔하게 처리한다. 이들은 긴급한 일은 신속히 처리해서 잊고, 중요한 일에 집중한다. 반면 늘 일에 쫓기고 시간이 부족한 사람이 있다. 우선순위 없이 일하는 업무 습관 때문이다. 혹시 당신이 평소 급하지 않은 일을 하느라 급한 업무를 놓쳐서 바쁘게 처리하는 타입이라면, 바쁜 것이 아니라 우선순위를 모르는 것일 수도 있다. 시간을 통제하며 일하기 위해서는 중요한 일과 급한 일을 구분하고, 이를 바탕으로 우선순위를 설정해야 한다. 급하고 중요한 일은 빨리 해버리고, 덜 중요한 업무는 미루는 등 효과적인 시간 관리가 필요하다.

1. 중요도와 긴급도 구분하기

모든 업무는 중요도와 긴급도가 다르다. 이를 구분하는 것은 시간 관리와 직결된다.

- 중요한 일 : 회사의 주요 목표 달성에 직접적인 영향을 미치며, 장기적인 성과에 기여하는 작업이다. 예를 들면 중요한 프로젝트 계획 수립이나 고객 관리 등이 있다.
- 긴급한 일 : 빠른 시간 내에 완료되지 않으면 문제를 초래할 수 있는 작업이다. 예를 들면 오전 중으로 처리해야 할 고객의 요청이나 당장 제출해야 하는 문서 등이 있다.

2. 우선순위 설정하기

업무의 중요도와 긴급도를 파악했다면 이제 우선순위를 정해야 한다. 업무를 분류할 때는 다음 4가지 순으로 분류해서, 가장 긴급하고 중요한 1순위부터 처리한다.

- 1순위 : 긴급하고 중요한 일
  최우선으로 먼저 처리해야 한다. 이 영역의 일들은 대부분 주요 이해관계자와 관련된 사항일 가능성이 높다. 하루의 에너지와 시간을 집중해서 기한 내에 처리한다. 예를 들면 급한 세무 처리, 중요한 계약서 검토, 상사가 지시한 일 등이 있다.

- 2순위 : 긴급하지만 중요도는 떨어지는 일

 최대한 빠르게 처리하고, 중요한 업무에 집중한다. 일상적인 행정 업무나 소소한 문제 해결 등은 중요도는 낮지만 업무의 흐름상 신속히 처리하거나 남에게 위임하는 것이 좋다. 예를 들면 일상적인 메일 응답, 간단한 보고서 작성, 교통편 예약, 사무용품 주문 등이 있다.

- 3순위 : 중요하지만 급하지 않은 일

 당장 성과가 보이진 않지만, 미래에 큰 성과로 이어지는 중요한 일들이다. 시간의 압박은 없지만 계획을 세워서 매일매일 꾸준히 시간을 할애한다. 예를 들면 외국어 공부, 업무 자동화 작업, 프레젠테이션 준비 등이 있다.

- 4순위 : 중요하지도 급하지도 않은 일

 후순위로 미루거나 하지 않는다. 많은 직장인들이 이 영역에 시간을 허비한다. 그러나 업무시간에는 가급적이면 이처럼 개인적인 활동은 자제해야 한다. 예를 들면 지인과의 식사, 개인적인 이메일 확인이나 SNS 활동 및 채팅 등이 있다.

업무 용어와 프로세스 파악하기

 사회초년생 시절에는 새로운 환경과 업무에 설렘도 크지만, 소소한 실수에 고민도 많다. 그중 업무 용어를 이해하지 못해서 발생하는 귀여운 실수도 많다. 하지만 언제까지나 초보 사원일 수는 없다. 순조로운 업무 처리를 위해 회사의 특정 용어와 약어를 이해하고 출발하자. 업무 용어와 프로세스를 철저히 이해하면 새로운 환경과 인간관계에 더 빨리 적응할 수 있고, 개선이 필요한 부분도 스스로 파악할 수 있다. 특히 회의나 보고서에서 사용하는 전문 용어는 더 빨리 숙지해야 한다. 업무 프로세스의 이해는 일머리와도 연결된다.

1. 업무 용어 숙지하기

경력직이라 하더라도 용어의 개념이 회사마다 다를 수 있다. 업종에 따라 일반화되어 공통으로 사용되는 용어도 있지만, 이 업체에서만 쓰이는 새로운 용어가 있을 수 있다. 처음 듣는 용어가 나오면 즉시 알아보고 숙지해야 한다. 기존에 알고 있는 용어여도 회사마다 다른 개념으로 쓰이는 경우도 있다. 이때도 반드시 확인해야 한다. 사소한 용어 하나 때문에 실수하는 일은 뜻밖의 상황에서 발생한다. 먼저 인터넷에 검색해보고, 그래도 모를 때는 검색해본 것을 바탕으로 선배나 동료에게 물어보자. 해당 용어를 실제 업무에서 자꾸 사용해봐야 익숙해진다. 용어에 대한 개념 정리는 초반에 끝내야 한다.

※용어를 빠르게 학습하고 기억하는 팁

• 노트 정리하기 : 새로운 용어나 약어를 들었을 때 즉시 노트에 정리한다.

• 용어집 활용 : 회사에서 제공하는 용어집이 있다면 적극 활용한다.

• 플래시 카드 사용하기 : 중요한 용어를 플래시 카드로 만들어 반복 학습

한다.

- 실제 업무에 적용하기 : 학습한 용어를 실제 업무에서 사용하면서 학습 효과를 강화한다.

2. 업무 프로세스 파악하기

처음에 "뭐부터 해야 할까요?"라고 물어보는 이유는 자신이 해야 할 일을 파악하기 위해서다. 업무가 주어지면 상사가 원하는 핵심 사항에 초점을 맞추는 것이 중요하다. 이때 상사의 업무를 이해한다면 자신의 업무를 더 잘 파악하는 데 도움이 된다.

더 나아가, 자신의 역할을 조금 더 넓은 시각에서 이해하는 눈이 필요하다. 나의 업무가 해당 부서의 앞뒤 업무와 어떻게 연결되는지, 맥락을 이해하는 것이다. 이때 이전 직원이 남긴 자료나 파일을 참고하면 도움이 된다. 이렇게 업무 프로세스를 파악하면 내 업무에 대한 기준을 세울 수 있다. 무슨 일을, 어떻게, 언제까지 해야 하는지 판단이 서는 것이다. 하지만 신입 때는 이런 판단력이 부족하다 보니 엉뚱한 일을 열심히 하거나, 마감 시점을 놓치기도 한다. 따라서 업무 프로세스와 나의 포지션을 정확히 파악하는 것은 직무를 이해하는 데 큰 영향을 미친다.

※ 프로세스를 이해하기 위한 전략

- 시각적으로 표현해보기 : 업무 프로세스를 시각적으로 표현해보자. 시각적으로 표현하면 전체 업무의 시작부터 끝까지의 흐름이 보인다. 자신이 맡

은 작업이 어디에 포함되는지 명확하게 알 수 있다.

• 주요 단계 세분화하기 : 각 주요 단계에 속한 세부 단계들을 나열한다. 전체적인 프로세스와 자신과의 연결고리를 이해하면 일의 중요도와 긴급도를 구분하는 능력이 향상된다.

이와 같이 준비된 일잘러는 업무 용어와 프로세스를 빠르게 파악함으로써 업무를 이해하는 데에 필요한 시간을 줄인다. 전체 작업의 흐름과 순서를 파악하고, 더 나아가 이를 시각화하면 나의 역할과 위치를 명확히 알 수 있고, 개선이 필요한 부분도 쉽게 찾아낼 수 있다. 빠르게 마스터한 업무 용어와 프로세스는 당신의 실력을 향상시키고, 한층 노련한 이미지로 만들어줄 것이다.

3장

초보는 일만 하고
프로는 말부터 바꾼다

프로의 언어로
소리 없이 변신하라

'언어'는 그 사람을 대변한다. 그 사람이 사용하는 언어는 그 사람의 이미지를 형성하고, 능력과 성품을 나타낸다. 직장에서의 성공을 좌우하는 소통 능력과 인간관계도 결국 우리가 사용하는 언어에 달려 있다. 상황에 맞게 말하는 법만 달라져도 훨씬 프로페셔널해 보이고, 상대와의 관계가 달라지기 때문이다. 다행히 직장인의 말하기는 연습과 훈련을 통해 개선될 수 있다. 말의 힘을 아는 프로 직장인은 단순히 주어진 일을 처리하는 데 그치지 않고, 자신을 더 돋보이게 하는 말하기에 중점을 둔다. 보고서를 작성할 때도, 보고서를 만드는 노력 외에 핵심을 명확하고 빠르게 전달하는 연습을 한다. 말하기의 중요성을 이해하고, 언어의 힘을 최대한 활용하는 것은 성공적인 직장생활을 위한 중요한 도구임을 잊지 말자.

직장 언어는 일상의 언어와 다르다

업무는 배우고 반복하다 보면 능숙해지지만, 일의 언어는 스스로 발전시켜야 하는 영역이다. 일상의 언어는 감정적이고 직관에 의존해서 메시지를 전달하는 경우가 많다. 반면 일의 언어는 구조적이고 명확해야 한다. 예를 들어 업무 보고나 프레젠테이션에서는 불필요한 감정을 배제하고, 정확한 데이터를 바탕으로 체계적인 말하기가 요구된다. 회의에서는 조리 있고 논리적인 표현이 필요하고, 협상에서는 정확하고 전문적인 언어 사용이 요구된다. 이메일과 메모 작성 시에도 핵심 내용을 간결하게 전달해야 한다.

정답은 없지만 공식은 있다

많은 사람들이 일에서 자신이 가진 역량에 비해 서툰 언어를 구사한다. 사람들이 나의 노력을 몰라준다고 푸념만 할 뿐, 일의 언어를 효과적으로 활용해서 자신의 역량을 발휘하는 방법에 대해 고민하지 않는다. 첫인상부터 업무 수행 및 원활한 소통까지, 일의 언어에 능숙한 사람은 자신의 의도를 쉽게 전달하며 원하는 결과를 더 많이 얻는다. 예를 들면 보고서에 공들인 노력은 보고의 언어에 의해 평가된다. 이메일의 내용도 언어를 구조화 시키지 않으면 상대방이 핵심을 파악하기 어렵다. 다행히 일의 언어에는 몇 가지 공식이 있다. 나는 이번 장에서 중학생도 따라 할 수 있는 기본 공식을 최대한 소개하고자 한다. 기본 공식을 응용해서 적용하는 연습만 해도 누구나 말을 잘할 수 있다.

말 잘하는 사람은 항상 연습한다

우리는 종종 말을 잘하려다 장황하게 설명을 늘어놓고는 한다. 그러나 하고 싶은 말이 무엇인지, 오늘 할 일이 무엇인지, 내가 어떻게 해주길 원하는지 등의 핵심이 빨리 전달되지 않으면 듣는 사람은 지루해진다. 이러한 이유로 일의 성과는 우리가 하는 말하기와 직결된다고 할 수 있다. 우리가 매일 접하는 고객, 상사, 거래처 등 일로 연결된 사람들은 우리의 말에 의해 마음을 열기도 하고 닫기도 한다.

중요한 대화나 발표 전에는 충분히 연습해서 자신감을 키우고, 예상되는 질문에 대한 답변을 준비해야 한다. 말을 잘하는 사람은 선천적으로 타고나는 것처럼 보이지만 그 뒤에 엄청난 노력과 연습이 있다. 연습하면 할수록 더욱더 좋아지는 것이 바로 말하기다. 말을 잘하는 사람은 보이지 않게 항상 연습하는 사람이라는 것을 기억하자.

일의 언어는 최고의 이미지 메이킹이다

소처럼 열심히 일해도 인정받지 못하는 이유가 뭘까? 일의 숙련도와 전문성은 스스로 빛나지 않는다. 일의 성과는 언어의 기술을 통해 빛난다. 자사 제품을 홍보하는 사업가도 비즈니스 언어를 세련되게 구사하는 사람이 유능해 보이고, 믿음이 간다. 직장인도 일의 언어에 능숙한 사람이 일도 잘할 것 같은 신뢰감을 준다. 밤새 준비한 PPT 자료보다 발표자가 말을 어떻게 하느냐에 따라 집중도와 호응도가 달라지는 것만 봐도 알 수 있다. 물론 이는 일에 대한 지식이나 실력을 기본적으로 갖췄을 때의 이야기다.

일의 언어를 잘 배워두면 어느 자리에서든 횡설수설하지 않는다. 자기소개 한마디를 하더라도 뭔가 대단한 일을 하는 사람이라는 인상을 준다. 즉, 일하는 사람에게 일의 언어란 유능한 사람으로 인정받는 최고의 무기인 것이다.

처음부터 잘하는 사람은 없다. 보고를 잘하는 동료나 고객과의 소통에 능숙한 선배가 있다면 그들에게 배워라. 남의 장점에 질투하지 말고 그 사람을 보고 배우는 것이 이득이다. 그 사람이 사용하는 말투, 표정, 몸짓 등을 관찰해서 그 기술들을 조합하고, 나만의 방식으로 응용하면 빠르게 변할 수 있다.

유능해 보이는 말하기는
따로 있다

정보만 나열하는 말하기는 상대에게 혼란을 주고, 상대의 이해를 돕는 말하기는 능력의 증거가 되어 준다. 직장과 사회에서 유능함을 어필하고, 좋은 관계를 형성하기 위해서는 상대방을 고려한 말하기를 해야한다.

"말을 참 논리정연하게 잘하네!"
"설명을 귀에 쏙쏙 들어오게 잘하네!"

상사와 동료 또는 거래처에서 이런 칭찬을 받는다면, 당신은 이미 상대방의 입장을 고려해서 말하는 사람이다. 반대로 칭찬은커녕 다음과 같은 말을 듣는다면 자신의 말 습관을 살펴볼 필요가 있다.

"그래서 하고 싶은 말이 뭐지?"

"됐고, 지금 바쁘니까 결론만 말해주겠나."

보고하다가 상사에게 저런 말을 듣는다면? 생각만 해도 힘이 빠진다. 그러나 많은 직장인들이 저런 말을 들을 수밖에 없는 방식으로 말을 한다.

말보다 일을 잘하는 것이 더 중요할 수 있다. 하지만 똑같은 업무를 수행했다 하더라도, 당신이 어떻게 말하느냐에 따라 당신의 일이 빛이 날 수도, 빛을 잃을 수도 있다. 유능한 사람들이 효과적으로 말하는 데에는 몇 가지 원칙이 있다. 그중 가장 쉬우면서도 강력한 효과를 발휘하는 원칙 5가지를 소개한다.

명확하고 간결하게 말한다

유능한 직장인은 생각과 의견을 명확하고 간결하게 표현한다. 말이 주절주절 길어지는 이유는 '짧게 말하면 상대방이 이해하지 못할 것 같아서'다. 하지만 말이 길어지면 집중도가 떨어져 상대방은 지루하고 답답해진다. 특히 직장에서는 직급이 위로 올라갈수록 긴 말을 들어줄 인내심이 없다. 따라서 핵심을 '간결하고 명확하게' 전달하는 것이 중요하다. 이메일이나 전화처럼 비대면으로 하는 대화도 마찬가지다. 바쁜 현대인들은 대부분 오래 통화할 여건이 안 된다. 말을 많이 하는 것이 말을 잘하는 게 아니라는 것을 기억해야 한다.

핵심을 빠르게 전달한다

우리는 어떤 이야기를 할 때 결론을 극적으로 만들려는 습관이 있다. 그래서 부연 설명에 중점을 두고 길게 말한다. 이러한 미괄식 화법은 맨 마지막에 나오는 결론을 기다리다가 짜증이 나기 일쑤다. 핵심을 빠르게 전달하는 능력자들은 결론부터 말한다. 이것을 '두괄식 화법'이라고 하는데 상대방한테 결론부터 전달해놓고, 그다음에 결론에 대한 부연 설명을 하는 방식이다. 특히 직장에서 보고할 때 두괄식으로 보고하지 않으면, 그 보고는 실패로 끝날 가능성이 높다. 부연 설명만 자세히 늘어놓다가 상사한테 한소리 듣고 나서야 얼떨결에 핵심을 말하고 나오는 것이다. 이렇게 되면 밤새 준비한 보고서의 가치가 희석되고 만다.

A : "그래서 결론은 어떻게 됐다는 얘기냐고?"
B : "지금 말하려고 하잖아! 왜 남의 말을 끊는 거야?"

우리가 일상에서 흔히 보는 대화 장면이다. 유튜브 채널 '김교수의 세 가지'를 운영하는 명지대의 김익한 교수는 이런 상황에서 "앞에 이야기를 길게 이야기한 쪽의 잘못이지, 이야기를 끊은 사람의 잘못이 아닌 경우가 많다"라고 설명했다.

이러한 문제를 해결하려면 우리는 2가지를 실천해야 한다. 첫 번째는 간결하게 말하는 습관이고, 두 번째는 두괄식으로 말하는 습관이다. 결론을 먼저 이야기해줘야, 상대방의 속이 시원하다. 결론을 듣고 궁금증이 해소되어야, 결론에 대한 이유와 부연 설명을 들을 준비가 되는 것이다. 두괄식 화법은 직장생활에서 너무나 중요하기 때문에 다음 챕터에서 더 자세히 다루었으니 이를 참고하기 바란다.

3가지로 요약해서 설명한다

무엇을 설명할 때 "첫 번째는, 두 번째는, 세 번째는…" 이렇게 3가지로 순서를 넣어서 말하는 습관 역시 중요하다.

"저에게는 3가지의 방법이 있는데 바로 이것입니다. 첫 번째는요…."

이렇게 주제를 3가지로 구조화하면 상당히 논리적으로 보이고, 청중을 집중시키는 효과가 날 수 있다. 회의에서 이런 방법으로 말하기 시작하면, 사람들은 3가지 핵심에 주목하게 되고, 다음에 나올 내용을 예상하며 더 집중하게 된다. 이는 발표에서도 마찬가지다.

글을 쓸 때도 핵심 포인트를 3가지로 나누어 설명하면 독자가 핵심을 쉽게 파악할 수 있어 글의 가독성이 높아진다.

모호한 형용사 대신 숫자로 설명한다

말을 잘하는 사람의 특징 중 하나는 상황을 '숫자'로 설명하는 습관이다. 세일즈 세계에서도 프로는 오직 숫자로 말한다. 오늘 최대한 많은 사람을 만날 거라고 말하는 사람은 계획이 없는 사람이다. 숫자는 정보를 구체적으로 전달하기 때문에 듣는 사람이 더 명확하게 이해하고, 신뢰할 수 있게 만든다.

- 오래 걸렸습니다. ▶ 3시간 걸렸습니다.
- 조금만 가면 됩니다. ▶ 여기에서 50m 정도 가면 됩니다.
- 판매량이 상당히 증가했습니다. ▶ 판매량이 15% 증가했습니다.
- 전년보다 훨씬 많아졌습니다. ▶ 전년 대비 20% 증가해서 120개가 됐습니다.
- 마을의 인구가 2배 늘었습니다. ▶ 1,000명에서 2,000명으로 늘었습니다.

단, 숫자를 지나치게 많이 사용하면 오히려 듣는 사람의 머리가 복잡해진다. 쉽게 이해하도록 간결함을 유지하는 것이 포인트다.

또렷한 발음으로 전달력을 높인다

또렷한 발음은 모음에서 나온다. 기역, 시옷, 히읗 같은 자음을 소리 내며 모음을 제대로 발음하지 않으면, 입안에서 웅얼거리는 말하기가 되기 쉽다. 자음과 함께 아, 오, 우, 이 같은 모음을 또박또박 분명하게 소리 내야 발음이 정확해진다. 웅얼거리는 습관을 개선하는 방법은 모음에 따라 입을 크게 움직이며 말하는 것이다. 입 모양을 크게 움직이며 말하면 말을 참 야무지고 시원스럽게 잘한다는 인상을 준다. 성격도 적극적으로 보이고, 상대의 신뢰도 올라간다. 반대로 입안에서 웅얼거리듯 말하면 소극적으로 보인다. 그리고 사람들은 상대방의 발음이 정확하게 들리지 않으면 그를 말을 잘 못하는 사람으로 평가한다. 또렷하고 정확한 발음은 말 잘하는 사람의 첫 번째 이미지라고 할 수 있다.

몇 가지 방법만 알고 실천해도, 말을 잘한다는 것이 더 이상 남의 이야기가 아니다. 다시 한번 정리하면 첫 번째, 불필요한 말을 줄이고 핵심을 명확하고 간결하게 표현한다. 두 번째, 결론부터 전달하는 두괄식 화법을 사용한다. 세 번째, 3가지로 요약해서 듣는 사람의 집중을 유도한다. 네 번째, 상황을 '숫자'로 설명해서 정보를 구체화한다. 마지막으로 다섯 번째, 입안에서 웅얼웅얼 하지 않고 또렷한 발음으로 말한다.

이제 어렵기만 했던 말하기에 자신감이 생겼기를 바란다. 이 세상에는 부러운 사람이 있을 뿐, 완벽한 사람은 없다. 당신도 누군가에게 부러운 사람이 될 수 있다.

이것저것 모르겠으면
'두괄식'만 기억해라

말투가 매력적인 사람들을 보면, 핵심 키워드만 먼저 말하고 이유는 뒤에 말하는 특징이 있는데, 이 화법이 바로 두괄식 화법이다. 같은 내용도 누가 어떤 방식으로 전달하는가에 따라 전달력이 달라진다. 또한 받아들이는 사람의 감정에도 큰 차이가 생긴다. 그런 의미에서 가장 깔끔하게 전달력을 높일 수 있는 스피치 화법이 바로 두괄식 화법이다.

두괄식 화법은 하면 될 것 같으면서도 쉽지 않다. 타고나지 않은 경우라면 대부분 훈련이 필요하다. 비즈니스 언어가 필수인 필자조차도 말을 할 때 두괄식 화법에 신경을 써야만 겨우 가능하다. 사회생활을 해오며 가장 아쉬운 점이 두괄식 화법에 관한 인지가 늦었던 점이다. 친구나 직장 상사에게 서론이 길었던 우를 범하지는 않았는지, 발표할 때 긴 서론으로 청중의 진을 빼지는 않았는지⋯ 두괄식 화법만 생각하면 얼굴이 화끈거린다.

분명한 것은 필자가 상대방의 장황한 서론을 경험한 적이 참 많다는 것이다. 물론 상대방이 나보다 나이가 많든 적든 웬만하면 '경청'의 미덕을 발휘하며 결론을 기다리는 답답함을 참는다. 하지만 그런 나도 인내심의 한계를 느낄 때가 있다. "그래서 어떻게 됐는데? 갔는지 안 갔는지 그것부터 얘기해줘", "잠깐만요, 그래서 선정이 됐는지 안 됐는지가 너무 궁금합니다"라는 말로 상대방의 말을 끊곤 한다. 모두가 바쁜 현대 사회에서 '두괄식'이라는 화법과 단어를 누가 만들고 알렸는지 그분께 상을 드리고 싶다.

두괄식을 연습하려면 먼저 우리가 두괄식으로 말하는 것이 왜 어려운지를 알 필요가 있다. 영어는 문법 자체가 앞에 결론을 먼저 말해놓고, 부연 설명을 이어가는 식으로 구성되어 있다. 그러나 우리는 보통 중요한 말을 가장 뒤에 하고, 뒤에 나올 결론을 이해시키기 위해 근거와 과정 등을 앞에서 자세히 설명한다. 심지어 Yes or No 조차도 바로 대답을 안 해주고 이유부터 늘어놓다가 상대방에게 핀잔을 듣기도 한다. 한국어는 이러한 우리의 정서를 순서에 상관없이 자유자재로 구사할 수 있는 편리한 언어다. 하지만 한국어도 두괄식으로 바꿔서 말하면 같은 말일지라도 그 가치가 엄청나게 올라간다. 다음의 예시와 함께 두괄식 화법에 관해 더 자세히 알아보자.

두괄식 답변

"이 부장님, 귀사에서 개발한 A신제품이 경쟁사 제품과 뭐가 다르죠?"

이 순간 이 부장의 머리에는 온갖 지식들이 떠오른다. 'A신제품을 잘 설명해서 이번 기회를 잡아야 해. 확실하게 이해시키려면 탄생의 배경과 사회적인 문제점부터 설명해야겠지?' 하면서 이 부장은 이 제품의 탄생 배경부터 현재 사회가 가지고 있는 문제점까지 설명하기 시작한다. 열변을 토하는 도중 질문이 하나 추가되면 원래 하려고 했던 답변은 달나라로 떠난다. 이때 올바른 두괄식 답변은 다음과 같다.

"네, 저희 A제품의 가장 큰 경쟁력은 타사 제품에는 들어 있지 않은 a라는 성분이 유일하게 들어 있다는 점입니다. a성분이 가지고 있는 차별성을 3가지만 말씀드리겠습니다. 첫째…."

두괄식 보고

아차 대리 : "본부장님, 드릴 말씀이 있는데요, A지점에 담당자가 바뀐 지 얼마
안 되어서 재고 파악이 원활하게 안 되다 보니 저도 이제 연락을 받
고 알게 됐는데요, 오늘 주문이 300개가 들어왔는데 재고가 부족
해서 창고에 전화해보니까…."

이렇게 구구절절 사건의 이유만 늘어놓으면 자신의 무능함을 광고하는 셈이다. 말이 길어질수록 문제를 감지한 상사의 불안감은 증폭된다. 문제 때문에 혼나는 것이 아니라, 불안하고 답답해서 혼나게 된다.

　　재치 대리 : "본부장님, A지점에 a제품 재고 부족으로 판매에 차질이 생겼습니다."

이렇게 결론부터 말해야 한다. 차질이 생겼다고 혼나더라도 문제에 대한 이유와 변명은 그다음에 해도 늦지 않다. 결론부터 말해놓고 상사의 반응에 따라 "지금 300개가 부족하다는데 물류창고에 연락해서 조치를 취할까요?" 이런 식으로 부차적인 보고를 이어가면 상사와 함께 빠른 대처가 가능하다.

두괄식 Yes or No

　　아차 대리 : "그 사람이 이렇게 한다고 해서요, 제가 이렇게 얘기를 해봤는데, 그쪽이 이번 달에 무슨 행사가 있어가지고….

두괄식 훈련을 하지 않으면 실제로 아차 대리처럼 말하게 된다. 듣다 못한 상사가 "그래서 된다고 안 된다고, 결론이 뭔데?"라고 물으면 그제야 "안 된대요"라고 대답한다. 우리가 보고하는 대상들은 늘 마음이 바쁘다는 것을 명심하자.

재치 대리 : "팀장님, 결론적으로 말씀드리면 그날은 안 된다고 합니다."

이렇게 Yes or No를 정중하게 먼저 전달해야 한다. 그리고 나서 상사의 반응에 따라 안 되는 이유를 설명하거나, 다음 이야기를 이어나가면 된다. "그래서 제가 다른 대안을 알아봤는데요…"라고 대안까지 준비해서 보고한다면, 당신은 분명 놓치고 싶지 않은 직원이 될 것이다.

이 외에도 두괄식 화법은 다양한 상황에서 적용할 수 있다. 다음에서는 면접에서 사용할 수 있는 두괄식 화법의 예시를 통해 실전에 적용할 수 있는 방법을 설명하고자 한다.

면접에서의 두괄식 화법

두괄식이 필요한 상황에서 면접을 빼놓을 수 없다. 면접에서 쉽고 명확하게 답변을 잘하려면 면접관의 질문을 '복붙'해서 결론부터 말하고, 부연 설명을 덧붙인다.

면접관 : 자신의 강점이 뭐예요?

지원자 : 저의 강점은 ○○○입니다.(+ 이유와 부연 설명 덧붙이기)

면접관 : 살면서 가장 기뻤던 적이 언제죠?

지원자 : 제가 살면서 가장 기뻤던 적은 ○○○입니다.(+ 이유와 부연 설명 덧붙이기)

이와 같이 두괄식 화법이란 말의 핵심이나 결론을 먼저 전달한 후, 그에 따른 과정이나 이유를 설명하는 방식이다. 물론 안 좋은 소식이나 충격적인 사실을 여과 없이 결론부터 전달해서는 안 된다. 아무리 좋은 화법도 지혜롭게 전달해야 효과를 발휘하는 법이다.

두괄식보다 더 강력한 화법으로는 쌍괄식 화법이 있다. 처음에 언급한 핵심을 마지막에 한 번 더 강조해서 청중에게 이를 다시금 각인시키는 화법이다. 하지만 두괄식 말하기가 습관이 되어야 쌍괄식 화법도 가능하다.

먼저 두괄식으로 보고하는 연습부터 해보기를 바란다. 상사의 궁금증을 빠르게 해소하고, 당신을 스마트하게 보이도록 해주는 기술이다. 결론과 핵심을 요약해서 먼저 말하는 습관을 기른다면 당신도 상사의 귀를 사로잡을 수 있다.

학창 시절의
언어 습관을 버려라

요즘 어린아이 같은 말투를 벗어나려는 노력이 늘고 있다. 사회생활에 맞는 말투로 바꾸려면 제일 먼저 2가지 언어 습관을 고쳐야 한다. 첫번째는 "제가요, 이래서요, 저래서요, 그랬는데요…"와 같이 각 단어의 끝을 올리는 학생 시절 말투를 버리는 것이고, 또 하나는 언제나 존댓말로 갖춰서 말하는 습관을 들이는 것이다. 아나운서가 되기 위한 과정에서도 이 2가지를 먼저 연습한다고 한다. 각 단어의 끝을 내리거나 평탄하게 말하고, 문장의 마지막에 '~입니다', '~했습니다'와 같은 종결어미로 끝을 내려줘서 존댓말을 완성하는 것이다.

존댓말은 태초에 존중하는 마음을 표현하기 위해 만들어졌을 텐데, 우리조차도 상황에 딱 맞는 존댓말이 쉽지만은 않다. 존댓말과 반말 딱 2가지만 존재한다면 덜하련만 존댓말에도 여러 레벨이 있고, 상대방의 위치 또한 여러 레벨이 있다. 사람은 누구나 자신이 바라는 기준에 비해 상대방의 존댓말 수준이 충분하지 않으면 무시당하는 기분을 느낀다. 그리고 상대방을 예의가 부족한 사람으로 인식한다. 이러한 존중과 예의를 때와 장소에 맞게 가장 신경 써서 다루어야 하는 곳이 바로 직장이다.

필자도 사회초년생 시절, 존댓말 '수위' 때문에 지적을 받은 적이 있다. 너무 격식을 갖춰서 말하면 선배들이 불편해할 거라는 '착각' 때문이었다. 그래서 나는 적절한 존댓말을 사용하는 롤모델을 찾아 나섰고, 경상도 사투리를 쓰는 P상사를 유심히 지켜봤다. 그분은 말끝마다 '~입니더', '~했습니더'로 마무리하니 모든 말이 격식을 갖춘 존댓말이었다. 이분의 말만 따라 한다면 나 역시 적절한 존댓말을 사용할 수 있으리라 생각했다. 나는 그분의 말에서 사투리 말투만 빼고, 그 외의 모든 말을 무조건 따라 하며 격식을 갖춰 말하기 시작했다. 직장에서의 언어는 새로 배워야 하는 언어라는 말이 결코 과장이 아니었다.

다음에서는 직장에서 바로 적용할 수 있는 기초 언어를 떠먹여주고자 한다. 누군가는 이것도 모르는 사람이 어디 있냐고 생각할 수도 있다. 하지만 현장 상황은 그렇지 않다. 경력이 3년 차, 5년 차여도 평상시 습관대로 말하는 직장인이 대부분이다. 말하기에 신경을 쓰는 소수의 사람만이 유능한 사람으로 인정받는 이유이기도 하다. 이제 직장에서 바로 활용할 수 있는 직장인의 언어 습관을 알아보자.

존중과 예의를 담아 말하기

직장에서의 말투는 존중과 예의를 갖춰 말하는 것이 기본이다. 대답할 때는 직함을 넣어서 말하되 너무 반복적으로 부르지 않는다. '네', '아니오'도 단답형으로 끝내지 않고, 피드백을 받아가는 느낌으로 마무리하는 게 좋다. 다음의 예시를 통해 직장에서 인정받는 언어 습관을 내 것으로 만들어보자.

아차 대리 : 네.

재치 대리 : 네 팀장님, 네 부장님, 네 이사님.

아차 대리 : 지금 바쁘세요? 팀장님, 말씀드릴 게 있는데요.

재치 대리 : 팀장님, 잠시 시간 괜찮으세요? ~사항으로 말씀드릴 게 있습니다.

아차 대리 : 팀장님, 이거 어떡해요? 이렇게 됐는데 어떡하죠?

재치 대리 : 팀장님, A 부분을 어떻게 처리하면 좋을지 여쭤봐도 될까요?

　　　　　팀장님, A 부분이 이렇게 됐는데 B 방식으로 처리하면 어떨까요?

아차 대리 : 그게 아니라 하려고 했는데 죄송해요, 다시는 안 그럴게요.

재치 대리 : 죄송합니다, 다음부터는 누락되지 않도록 주의하겠습니다.

아차 대리 : 알겠습니다.

재치 대리 : 네 팀장님, 다음 주 수요일 오후 1시에 A사 미팅 예약하겠습니다.

아차 대리 : 이거 가져왔습니다, 팀장님, 소비자 분석 자료 다 했는데요.

재치 대리 : 팀장님, 지난주에 말씀하셨던 소비자 분석 자료입니다.

아차 대리 : 수고하세요. 안녕히 계세요.

재치 대리 : 팀장님, 먼저 들어가겠습니다, 내일 뵙겠습니다.

적절한 언어 사용으로 전문성 유지하기

다음은 작은 차이가 큰 차이를 만드는 적절한 언어 사용 예시다. 상황에 맞는 적절한 언어가 습관이 되도록 연습하자. 언어 사용의 차이가 전문성의 차이라고도 할 수 있다.

아차 대리 : 이거 언제까지 해야 되나요?

재치 대리 : 이 프로젝트의 마감일은 언제인가요?

아차 대리 : 저, 회의록 좀 보내주실래요?

재치 대리 : 회의록을 공유 좀 해주시겠어요?

아차 대리 : 이번 분기 목표가 어떻게 됐어요?

재치 대리 : 이번 분기 목표는 어떻게 설정됐나요?

아차 대리 : 새로운 정책 좀 알려주실래요?

재치 대리 : 업데이트된 정책에 대해 안내해주실 수 있나요?

아차 대리 : 기술 지원팀에 물어봤어요?

재치 대리 : 기술 지원팀에 문의해보셨나요?

안 쓰면 더 예뻐지는 말

젊은 유명 사업가가 진행하는 영상을 시청하던 중, 그가 직원한테서 제일 듣기 싫은 단어가 있다고 해서 귀를 쫑긋 세운 적이 있다. 그 단어는 바로 '그냥'이라는 대답이었다. 이처럼 선배와 상사가 대체로 싫어하는 말들이 있다. 좋은 음식을 많이 먹는 것보다 해로운 음식을 안 먹는 것이 몸에 이롭듯, 말도 마찬가지다. 말을 예쁘게 잘하는 것도 중요하지만, 예쁘지 않은 말을 안 쓰는 습관이 우선이다. 예를 들면 다음과 같은 말이다.

"그냥…."

"네?" / "아니요?"

"~한 것 같아요."

"어떻게 하죠?"

"모르겠는데요?"

"전에도 이렇게 했는데요?"

말투를 들려줄 수는 없지만, 텍스트가 아닌 뉘앙스를 이해하리라 생각한다. 사회 경험이 없는 신입사원이라 해도 예의가 부족해 보일 수 있고, 입사 초기의 귀여움과도 거리가 먼 말투다.

이번 챕터는 사회초년생 시절의 나에게 선물하는 마음으로 추가했다. 누군가 나와 같은 마음이라면 도움이 되기를 바란다. 직장 언어는 단순한 의사소통 수단을 넘어, 조직의 문화와 개인의 이미지를 형성하는 중요한 요소다. 상황에 맞춰 적절한 언어를 사용하는 것은 업무 능력만큼이나 중요한 직장인의 기본 소양이다. 짧은 말부터 갖춰서 말하는 습관을 들이자. 긴 말도 짧은 말로 이루어져 있다.

신입사원의
전화 업무 기본기

신입사원 시절에는 모르고 하는 실수가 많다. 그중 어려움을 겪는 것이 전화 받는 일이다. 업무 파악도 안 된 상태이고, 사람들의 이름과 직함도 잘 모르는 상황에서 회사 전화를 받는 것은 두려움에 가깝다. 오죽하면 '전화'와 '공포증'을 합성한 '콜포비아(Call Phobia)'라는 신종용어가 생겼을까. 특히 어릴 때부터 스마트폰 메신저로 소통하며 성장해온 2030세대들에게 전화 응대의 어려움은 당연하다. 하지만 몇 가지 방법만 알고 적용하면 어려울 것 없으니, 자신감을 가지고 전화 응대에 임하기 바란다.

밝고 매력적인 목소리로 만족도를 높이는 방법

라디오 방송인은 표정이나 몸짓 등 비언어적인 요소 없이 오직 이야기로만 청중을 사로잡아야 한다. 얼굴이 안 보이기 때문에 감정 전달이 어렵고, 말이 딱딱하게 들릴 수 있어서 신경을 많이 써야 한다. 그들에게는 목소리로만 호감도를 올리는 비결이 있다고 한다. 비대면이라는 점에서 회사의 전화 응대와 비슷하니, 이들의 비법 3가지를 알아보자.

첫 번째는 미소 지으며 말하기다. 미소를 머금고 말하는 것의 효과는 통화할 때도 비슷하게 적용된다. 무표정으로 "안녕하세요?" 하는 것과 미소를 담고 "안녕하세요?"라고 말하는 것은 차이가 크다. 미소 지으며 말하면 목소리에 미소가 담겨 듣는 상대방에게 친절하게 들린다.

두 번째는 목소리 톤을 평소보다 한 톤 정도 높이는 것이다. 목소리를 한 톤 높여서 말하는 기법은 영업이나 강의에도 쓰이는 기술이다. 톤을 살짝 올리면 목소리가 밝게 들리기 때문이다. 얼굴도 안 보이는데 목소리까지 깔고 말하면 긍정적인 효과가 떨어진다. 통화할 때 미소를 지으며 밝게 말하는 것은 전화 너머 상대의 기분까지 좋아지게 하는 최고의 방법이다.

세 번째는 말하기 속도를 적절하게 유지하는 것이다. 말이 너무 빠르면 상대가 내 말을 못 알아들을 확률이 높다. 말이 빠르면 조급하게 보일 뿐 아니라, 이 전화를 빨리 끊으려는 것처럼 느껴질 수 있다. 반대로 말이 느린 것도 문제다. 말의 속도가 너무 느리면 힘이 없고 답답한 느낌을 주기 쉽다. 실제로 서비스직 전문 상담원과 통화를 하다 보면 친절하기 위해 너무 느린 속도로 안내해 답답한 느낌을 주는 사람이 있다. 그러나 바쁜 현대인들의 상황을 고려해 적절한 속도로 응대하는 배려가 필요하다.

전화를 받을 때 지켜야할 것

첫 번째, 전화를 받기 전에 발신자 번호부터 확인한다. 요즘은 거래처의 담당자끼리 주로 핸드폰으로 소통하기 때문에 발신자가 바로 확인된다. 하지만 일반 전화는 핸드폰에 비해 발신자 구분이 어렵다. 전화번호가 익숙해질 때까지 중요한 전화번호를 모니터 하단에 붙여놓으면 전화를 걸 때도 받을 때도 편리하다. 전화를 받을 때마다 누군지 몰라 생소하게 받으면 그것처럼 센스 없어 보이는 경우도 없다.

두 번째, 회사명과 부서명, 이름을 말하면서 받는다. 부서가 따로 구분이 없다면 회사명과 이름을 밝히며 받는다. "감사합니다. ○○컴퍼니 ○○주임입니다"와 같이 반드시 이름 뒤에는 직함을 붙여야 고객이 혼란을 겪지 않는다.

언젠가 파레트 수거와 세금계산서 문제 등으로 처음 거래하는 회사에 전화를 걸었다. 그런데 예상 밖의 직함이 들려왔다.

"감사합니다. ○○컴퍼니 ○○○대표입니다."

직원들이 물류 작업 때문에 다 외근 중이라서 대표님이 직접 받았다고 했다. 그렇지 않아도 담당자와 통화 후 대표자와 통화할 용건이 있었는데 마침 잘된 일이었다. 만약 전화 받을 때 이름과 직함을 밝히지 않았다면, 나는 전화 상대를 해당 업무 담당자로 오인했을 것이다. 대표님이 전화를 매너 있게 받으신 덕분에, 실수 없이 용건을 전달하고 끊을 수가 있었다.

다음은 전화 받을 때 앞머리에 넣는 인사말이다. 우리에게 익숙한 "사랑합니다 고객님"처럼 앞머리의 인사말을 통일시키는 회사도 있다. 그런 문화가 아니라면 "감사합니다" 또는 "안녕하세요?" 정도만 붙이고 회사명과 이름을 말해도 예의를 갖춘 응대법이 된다.

전화를 대신 받을 때, 당겨 받을 때, 전화를 넘겨줄 때

나의 담당이 아닌 다른 전화를 당겨 받을 때가 있다. 그럴 때는 먼저 "당겨 받았습니다", "대신 받았습니다"와 같은 말로 자신이 담당자가 아님을 알려줘야 한다. 상대방이 용건을 다 설명한 후에 담당자를 연결해 주겠다고 하면 상대방은 짜증이 날 수 있다.

실제로 최근에 있었던 일이다. 수입 관련해서 통관업체와 통화할 일이 있어서 공문에 있는 번호로 전화를 걸었다. 그런데 전화 받은 직원이 나의 용건을 "네, 네" 하면서 다 듣더니, "담당자 연결해 드리겠습니다"라는 말과 동시에 연결음이 들리는 것이다. 직원이 돌려주기를 누르고 바로 끊었는지, 담당자는 내 용건을 전혀 모르고 있었다.

이처럼 전화를 넘겨줄 때는 담당자에게 전화 건 사람의 소속과 용건을 짧게라도 알려주고 끊어야 한다. 담당자와의 연결을 기다렸다가 설명을 처음부터 다시 해야 하는 번거로움이 없도록 신경을 써야 하는 부분이다. 내가 처리할 용건이 아니라서 전화를 넘겨줘야 한다면 다음과 같은 말로 양해를 구하고 담당자를 연결한다.

"부서(담당자) 연결해드리겠습니다. 잠시만 기다려주세요."
"담당자분이 잠시 자리를 비우셨습니다. 메모 남겨드리겠습니다."
"담당자가 전화를 드리도록 메모 전달하겠습니다."

메모를 남길 때, 상대방의 발음이 정확하지 않아 난처할 때가 있다. 그럴 때 "네? 네? 뭐라고요?"라고 너무 여러 번 되묻는 것도 실례다. 내 경험으로는 꼼꼼히 받아 적어서 전달하면 글자가 한두 개 틀려도 당사자는 다 알아봤다. 대신 상대방의 이름, 연락처, 회사명, 관계, 용건, 날짜와 시간까지 최대한 메모해서 전달하는 것이 안전하다.

신입사원이라면 전화를 당겨 받는 법과 전화를 넘겨주는 방법도 미리 숙지해둬야 한다. 당겨 받기 단축 버튼과 돌려주기 단축 버튼을 선배에게 물어서, 전화기에 붙여놓고 외워두자. 고객과의 통화 중에 전화기 작동법을 몰라서 허둥대면 큰 실수로 이어질 수 있다.

전화를 걸 때

걸려오는 전화를 받는 것도 긴장되지만, 전화를 거는 것도 처음에는 만만치 않다. 나도 고객이나 거래처에 전화하기 전에는 심호흡도 하고, 인사말 연습도 여러 번 반복하고는 했다. 지금도 용건 가짓수가 많거나 복잡한 전화는 내용을 차례대로 메모해놓고 하나씩 체크해가면서 통화한다. 용건을 빠뜨리지 않으려는 것이 습관이 된 덕분이다. 전화를 걸 때는 인사와 함께 소속과 용건을 간단히 밝히는 것이 예의다.

"안녕하세요, ○○세무소 ○○○실장입니다.
연말정산 관련해서 문의드릴 게 있어서 전화드렸습니다."

"안녕하세요, ○○컴퍼니 ○○○대리입니다.
저희 신제품 디자인 미팅 일정 때문에 전화드렸습니다. ○○○실장님 자리에 계신가요?"

"안녕하세요, ○○컴퍼니 ○○○주임입니다.
장비 임대 문의로 연락드렸는데 담당하시는 분 맞으실까요?"

전화를 받을 때나 걸 때 메모는 필수다. 현재 통화하는 사안에 대해 추가로 통화할 일이 있다면, 통화한 담당자의 이름과 직함을 먼저 메모해놓고 내용을 메모해야 한다. 다음에 다른 사람이 전화를 받더라도 일전에 통화했던 담당자의 이름과 직함을 알면 연결을 요청할 때 편리하다. 통화하고자 하는 담당자가 부재중일 때도 있다. 상대방이 담당자와 통화 가능한 시간을 알려주면 다행인데, 상대방도 전화 업무가 서툴러 안내를 안 해줄 수도 있다. 그럴 때는 담당자와 통화가 가능한 시간대를 물어보거나 메모를 부탁하고 끊는다.

마무리는 역시 인사다. "감사합니다"로 마무리하는 것이 가장 무난하다. 그리고 당신이 신입사원이라면 전화를 먼저 끊지 말고 기다리는 것이 예의다. 상대방이 전화 끊는 것을 잊어버리고 일을 보는 경우에는 상대가 듣든 안 듣든 "전화 먼저 끊겠습니다"라는 말을 남기고 끊는다.

은행이나 보험사 등 상담원과 통화 후 고객 응대 평가 요청을 받아 본 경험이 있을 것이다. 그들도 고객으로부터 '매우 만족'을 받기까지는 수많은 실수를 거듭했을 것이다. 무엇보다 중요한 것은 공감이다. 상대는 심각한데 혼자서만 명랑한 분위기로 일관하면 역효과가 나는 것은 당연하다. 전화 업무도 자꾸 하다 보면 여유가 생기고, 분위기 파악도 되면서 더 이상 전화 벨 소리가 두렵지 않은 때가 온다.

4장

직장에서 인정받는
소통의 기술

상사에게 업무 코드를
맞추는 노하우

어느 조직에서 어떤 직무를 맡든지 일을 잘하는 핵심 기술은 의사소통이다. 그중에서도 핵심은 상사와의 소통이다. 상사와의 소통은 대부분 지시와 보고의 과정에서 이루어진다. 지시 내용을 정확히 이해하고, 진행 상황을 효과적으로 보고하며 문제 발생 시 신속하게 대응할 수 있게 해주는 것이 소통의 힘이다. 반면 의사소통이 원활하지 않으면 오해와 불신이 쌓이고, 이는 곧 팀의 분위기 저하로 이어진다. 이 사항들을 하나씩 짚어가며 상사와 업무 코드를 맞추기 위한 소통법을 실천해보자. 출근길에 두르고 있던 마음의 갑옷이 한결 가벼워질 것이다.

일단 받아 적고, 다시 확인한다

상사가 업무를 지시하거나 회의를 할 때는 반드시 노트를 가져와서 적는다. 듣기만 해도 다 기억할 것 같지만 자리에 가면 일부만 생각난다. 상사는 이런저런 고민을 해서 지시했는데, 팀원이 생각나는 것만 해서 가져오면 누가 함께 일하고 싶겠는가. 받아 적는 태도에는 상사에 대한 존중과 함께, 일을 잘하려는 의지가 담겨 있다. 상사도 똘망똘망한 눈으로 집중하며 받아 적는 직원에게 마음이 간다. 무조건 적어라. 다 받아 적고 나서 내가 들은 것이 상사의 의도와 일치하는지를 그 자리에서 확인해야 한다. 일잘러는 이렇게 탄생한다.

재치 대리와 아차 대리가 팀장과 회의 중이다. 회의가 끝나자 아차 대리는 메모한 노트를 접고 팀장님이 먼저 나가도록 예의를 갖춘다. 팀장은 회의가 잘된 것인지 신경이 쓰인다. 재치 대리는 여기서 끝나지 않는다. 팀장님이 지시한 내용과 내 생각이 맞는지 확인하기 위해 메모를 펴 보이며 묻는다.

"팀장님, 방금 말씀하신 a말씀은 이 b와 관련해서 c를 만들라는 말씀이신 거죠?"

"그렇지! 이번 일이 a니까 b를 이렇게 하라는 거예요."

"알겠습니다. 팀장님, 하다가 궁금한 것 있으면 다시 여쭤보겠습니다. 수고하셨습니다."

"응~ 수고!"

팀장은 그제야 마음이 놓이고 내심 뿌듯하다.

정확한 가이드라인을 위해 적극적으로 질문한다

상사의 의도와 원하는 결과물을 한 번에 파악하기란 어렵다. 다양한 질문을 통해 상사가 원하는 것을 얻어내는 스킬이 필요하다. 질문을 하면 상사가 피곤해할 거라 생각하는데 사실은 그렇지 않다. 다음은 모 대기업 여성 임원의 인터뷰 내용이다. 진행자가 다음과 같이 질문했다.

"이사님이 생각하시는 일 잘하는 직원은 어떤 직원이라고 생각하시나요? 혹시 기억에 남는 직원이 있다면 말씀 좀 해주시겠어요?"

여성 임원이 대답한다.

"네. 참으로 안타깝고, 답답한 직원이 자기 혼자 열심히 하는 직원이에요. 혼자 다 해서 인정받고 싶은 거죠. 하지만 상사의 입장은 그렇지 않습니다. 나로 하여금 존재감을 느끼게 해주는 직원이 예쁘거든요. 예를 들어 정수기 앞에서 마주치더라도 다른 직원들처럼 인사만 하고 지나치는 게 아니라, 그 친구는 현재 맡겨진 업무에 대해 "아, 참. 이사님!" 하면서 살짝 물어봐주는 거예요. 어떤 일이 마무리되면 거기에 나의 조언도 들어간 것처럼 모양을 만들어주는 직원입니다. 당연히 키워주고 싶죠."

너무나 공감하는 말이다. 이분의 말만 들어봐도, 직장은 결코 업무 능력만 가지고 인정받는 세계가 아니다. 여성 임원이 이 직원을 인정하는 부분은 상사와의 소통 능력이다. 적극적인 질문과 피드백으로 자신의 업무도 챙기고, 상사에게도 공을 돌리는 지혜에 감동하는 것이다. 그 경지는 아니어도, 정확한 가이드라인을 잡으려면 질문할 줄 알아야 한다. 다음은 신입사원이 업무를 처음 맡을 때 주로 하게 되는 질문들이다.

"이 자료가 언제까지 필요하세요? 언제까지 끝내야 되나요?"

일을 맡으면 마감 기한을 반드시 물어봐야 한다. 어떤 업무는 업무의 질보다 기한이 더 중요할 때가 있다. 상사는 신입인 당신에게 감동적인 결과물을 기대하지 않는다. 기대 이상의 결과물을 낸다 해도 기한을 지켰을 때 가치가 있다. 직장에서 내가 하는 일은 다음 일과 연결되어 있다. 데드라인에 대한 개념을 정확하게 인식하는 것은 기본 중의 기본이다.

"이와 비슷한 업무를 처리한 참고 자료가 있나요?"

어떤 업무가 주어졌을 때, 처음부터 문서의 형식과 내용을 새로 작성하려는 사람이 있다. 이렇게 하면 속도와 효율이 떨어진다. 기존에 이런 업무에 사용한 템플릿이나 참고 자료가 있는지 물어보고 요청해라. 기존 자료를 수정하고 보완하는 것이 빠르고 효율적이다.

"이 업무 중 어느 것을 먼저 처리해야 하나요?"

이 질문은 간혹 업무의 우선순위를 매기기 힘들 때, 실수를 줄이기 위해 조심스럽게 하는 질문이다. 혼자 판단이 어려운 경우, 상사에게 물어보는 것이 실수를 피하는 데 도움이 된다.

이런 질문들은 신입사원이니까 통한다. 3년 차 대리가 시도 때도 없이 찾아가 이런 질문을 할 리는 없다. 하지만 신입사원이니까 해야 된다. 조용한 신입사원일수록 위험하다. 조용한 신입사원은 엉뚱한 것을 해올 때가 많기 때문이다.

성장의 첫걸음, 피드백을 잘 받자

피드백이란 자신이 일을 맞게 수행하고 있는지, 지시한 사람의 목적에 부합하는지 확인하고, 알맞게 수정 보완 하라는 의미다. 신입사원 시기에는 업무적인 판단력이 부족하다. 또한 팀장과 선배의 성격이나 업무 스타일도 파악이 안 된 상태다. 자기 생각에는 아는 것 같아도 사실은 모를 때가 더 많다. 그래서 신입사원 때는 잦은 보고와 피드백이 필요하다.

피드백 받는 방법

1. 중간보고

상사와의 인간관계를 성공시키는 비결은 생각보다 간단하다. 중간보고를 잘하는 것이다. 우리가 자주 사용하는 택배사와 배달 어플을 생각해보자. 이들의 생명은 속도와 현황 보고다. 메이저급 택배사일수록 내가 주문한 물건이 출발은 했는지, 어디쯤 왔는지, 언제 도착하는지를 고객이 물어보기 전에 알려준다. 배달 어플도 고객이 주문한 메뉴가 접수됐고, 조리가 시작됐고, 곧 도착한다고 알림으로써 고객을 안심시킨다. 중간보고가 없는 서비스는 마음에서 멀어지기 마련이다.

상사의 입장에서도 가장 거리감을 느끼는 직원은 중간보고가 없는 직원이다. 어떻게 진행되고 있는지? 거래처 업무요청은 잘된 것인지? 현장은 언제쯤 마무리되는지? 일을 맡겼는데 아무 말이 없으면 답답하고 불안하다. 상사가 기다리다가 먼저 물어보게 하면 늦은 것이다. 당신이 먼저 "팀장님, 제가 여기까지 해봤는데 이렇게 하면 될까요?", "팀장님, A 거래처에 확인해보니 여기까지 진행했다고 합니다. 이런 식으로 진행하면 될까요?" 이렇게 중간보고로 피드백을 구해야 한다.

피드백을 구할 때는 구체적인 질문이 좋다. 그래야 상사도 더 정확하게 피드백을 줄 수 있다. 작업 중 어려운 점이 생기면 솔직하게 도움을 요청해야 큰 실수를 방지할 수 있다.

2. 사후보고

피드백을 받으면서 진행했으니 상사의 의도와 가까운 결과물이 나왔을 것이다. 이때 "선배님 다했습니다"라고 삐죽 놓고 나가지 말고 감사와 자신감을 표현해보자. 상사에게 한 걸음 다가가는 것이다. 예를 들면 "피드백 주신 덕분에 많이 배웠습니다", "이번에 처음 해봐서 잘 몰랐는데요, 다음에는 이 작업을 먼저 해놓고 이것을 이렇게 하면 훨씬 빨리 할 수 있을 것 같아요" 또는 "혹시 시키실 일 또 있으세요?", "네, 그럼 돌아가서 제가 하던 ○○일을 계속 하겠습니다"라고 말해보자. 내가 직장 상사라면 이렇게 말하는 후배가 너무나 믿음직스럽고 사랑스러울 것 같다. 일을 두려워하지 않고, 일의 방향성만 알려주면 자기가 알아서 할 수 있을 것 같은 든든함이 느껴지는 것, 상사와 코드를 맞춘다는 것은 이런 것이다.

상사와 코드를 맞추고 거리를 좁혀가는 기술은 어려운 일이 아니다. 필요시 질문하고, 잦은 보고와 피드백으로 소통을 지속하면 서로가 신뢰하는 관계로 발전할 수밖에 없다. 복잡한 말투나 형식도 중요하지만, 진척 상황을 수시로 보고하는 것이 핵심이다. 초기에는 상사가 무섭고 불친절하게 느껴질 수 있지만 올바른 태도로 신뢰를 쌓아가기 바란다. 조금은 힘들더라도 꾸준히 노력한다면 상사와의 소통이 점점 편하고 자연스러워질 것이다. 상사도 적극적으로 다가오고 실천하는 당신을 지켜보며, 당신을 더욱 신뢰하게 되고 함께하고 싶은 마음이 커지게 된다.

보고만 잘해도
일잘러 소리를 듣는다

신뢰와 친밀감은 잦은 보고에서 피어난다. 보고는 진행 상황을 전달하는 것을 넘어, 상사와 팀원 간의 원활한 소통이다. 나의 상사도 그의 상사에게 보고해야 한다. 정확한 중간보고는 현장의 상황 변화에 빠르게 대처할 수 있는 토대를 만든다. 20년 이상 경력의 인사 전문가 최윤희 작가는 《모든 것은 태도에서 결정된다》에서 다음과 같이 말한다.

"중간보고가 충실한 팀원은 보석과 같다. 빠른 의사결정에 기여해서 삽질을 안 할 수 있게 한다. 업무의 최종 완성도를 높이는 데 중간보고는 필수다."

이처럼 충실한 보고는 삽질을 방지하며, 빠른 판단과 결정으로 불필요한 경제적 손실도 막는다. 신입사원에게도 보고는 자신의 노력과 성실함을 보여줄 기회다. 따라서 보고를 잘하는 것은 상사와의 관계를 결정 짓는 핵심 요소이며, 업무의 최종 완성도를 높이는 필수 과정이다.

먼저 유명 강사님의 명쾌한 인터뷰 속 일화 하나를 소개하려고 한다. 이는 직장인을 대상으로 하는 강연 후, 질문을 받는 상황이었다. 진행자 가 다음과 같이 질문했다.

"대표님, 직원들이 하는 말 중에 제일 듣기 싫은 말이 혹시 있으신가 요?"

강사님이 뭔가 생각나는 듯 웃더니 비장하게 입을 연다.

"듣기 싫은 말이 있죠. 바로 '드릴 말씀이 있는데요'입니다. 또 무슨 말 을 하려고 드릴 말씀이 있다는 거지? 좋은 일이면 '드릴 말씀이 있는데 요' 이런 말 안 하거든요. 그리고 또 있어요. 내 방에 들어올 때 무서운 얼 굴로 들어오는 직원이에요. 보고 내용이 뭔지 들어보기도 전에 그 사람 하고 말하고 싶지 않아요! 솔직히 나중에 듣고 싶어요! 직원이 쫄면 나도 쫄잖아요. '도대체 무슨 일이기에 저렇게 심각하지?' 이런 마음 안 들겠어 요?"

그렇다. 정말 현실적인 답변이다. 저 리얼한 답변이 얼마나 공감되던 지 잊히지 않는다. 보고가 저렇게 시작되면 상사는 먼저 스트레스 상태 가 된다. 안 좋은 문제여도 화나고, 좋은 일이어도 혼난다. 직원 입장에서는 "실컷 고생해서 가져갔는데, 이사님은 왜 화부터 내지?" 하며 이해가 안 될 것이다. 이유는 보고가 서툴기 때문이다.

그럼 어떻게 보고해야 할까? 항상 칭찬받는 일잘러들에게는 그들만의 스킬이 있다. 이제 효과적인 보고의 기본기를 장착하자.

보고 전 상사를 안심시켜라

상사들은 직원이 들어오면 긴장부터 한다. 회사라는 곳이 워낙 변수가 많고 바람 잘 날 없기 때문이다. 지나치게 조심스러워하는 표정은 뭔가 심각한 문제를 들고 온 것처럼 보인다. 거기에 말투까지 심각하게 "이사님", "팀장님" 하면서 쳐다보면 '도대체 무슨 문제지?' 더 불안해진다. 앞선 강사님의 말처럼, 무서운 얼굴로 상사를 긴장시키지 말고, 왜 왔는지를 먼저 말해야 들을 준비를 할 수 있다. 상사가 안심하고 들을 수 있는 보고의 장을 만드는 것이다. 똑똑 노크하고 들어가서, 다음처럼 보고를 시작하자.

첫째, 무표정으로 쭈뼛거리며 시간 끌지 않는다.
둘째, 목례 후 바로 보고할 용건을 간략하게 전달한다.

"팀장님, 이번에 진행하는 프로젝트에 대해 몇 가지 여쭤볼 것이 있습니다. 잠시 시간 괜찮으세요?"

"부장님, 저희 팀에서 마케팅 관련 아이디어가 나와서 보고드리려고 왔습니다. 잠시 상의드려도 될까요?"

"이사님, 저희 팀 휴가 일정이 나와서 보고드리려고 왔습니다."

두괄식 화법으로 보고한다

상사는 긴 보고를 좋아하지 않는다. 장황한 보고는 상사의 머리로 들어가지 않고 귀에서 엉켜버린다. 그걸 눈치 못 채고 계속하면 당신은 곧 한마디를 듣게 된다.

"그래서 결론이 뭐지? 내가 뭘 해주면 되는지를 먼저 말해주겠나?"

즉, 두괄식 보고를 해야 한다. 결론부터 말해줘야 속이 시원하다. 긴 보고를 얼마나 임팩트 있게 요점만 뽑아서 보고하느냐가 능력의 차이다. 핵심부터 보고하고, 부연 설명을 하면 상사는 이 직원이 이 업무를 정확하게 파악하고 있다고 인식한다. 반대로 정리가 안 된 말로 주저리주저리 보고하면, 이 직원은 업무 파악이 안 된 사람으로 보인다. 꼼꼼하게 준비했던 노력이 빛을 발하지 못하고, 상사의 시간만 허비한 꼴이 되고 만다. 상사들의 머리는 늘 복잡하다. 우리의 상사들은 주의력이 부족하다는 사실을 기억해야 한다.

중간보고는 선택이 아닌 필수다

직장인의 역량을 평가하는 요소 중 중간보고가 차지하는 비중은 크다. 많은 사람이 커뮤니케이션 스킬을 고민하지만, 중간보고를 잘하는 것이 최고의 커뮤니케이션 스킬이다. 중간보고를 잘함으로써 서로 정확한 피드백이 가능하고 신뢰감도 쌓인다. 즉 일 잘하는 사람은 '중간보고를 잘하는 사람'과 같다. 잠재적인 문제를 조기에 발견할 수 있고, 리더의 목표와 근접하게 업무를 수행하게 해주는 것이 중간보고이기 때문이다. 중간보고는 꼭 사무실이 아니어도 된다. 점심 식사 후에도, 커피 한 잔 하는 중에도 언제든지 가능하다. 보고서가 좀 부족해도 내용적인 부분을 충분히 소통하면서 진행하면 상사의 만족도는 올라갈 수밖에 없다. 최소 30% 시점과 90% 시점에는 반드시 하라는 것이 중간보고의 정석이지만, 상사가 궁금하게 생각할 수 있겠다는 시점을 놓치지 않는 것이 핵심이다.

- 30% : "팀장님, 여기까지 해봤는데 이런 식으로 하면 될까요?"
- 90% : "팀장님, 여기까지 하면 될까요? 이렇게 마무리하면 될까요?"

예를 들어 마감 일정이 1주일이라면 늦어도 3~4일 전에 중간보고를 한다. 상사가 원하는 방향과 내 생각이 다를 수도 있기 때문이다. 즉 엉뚱한 것을 해와서 다시 해야 할 경우, 시간과 에너지 손실이 너무 커진다. 90%쯤 완성되면 또 한 번 중간보고를 한다. 이대로 마무리를 할지, 추가로 보충할지는 상사의 의견을 따른다. 꿀팁을 드리자면 상사는 당신의 보고서를 조금은 지적하고 조언해서 완성할 때 보람을 느낀다.

보고는 타이밍이 생명이다

보고 타이밍은 크게 2가지를 생각해야 한다. 첫째는 마감 기한이다. 기한을 지키지 못한 보고서는 종이 몇 장에 불과하다. 마감 기한을 기준으로 중간보고 시점을 잡는 감각이 필요하다. 중간보고는 형식에 너무 얽매일 필요가 없다. 미완성 보고서와 구두 보고만으로도 충분하다. 중요한 것은 타이밍이다. 잘 진행되고 있는지 궁금할 때쯤 중간보고를 해야 한다. 말하자면 상사가 궁금할 일이 없게 만드는 것이 잘한 중간보고다. 그러니 상사가 기대하지도 않는 완벽을 추구하느라 보고 타이밍을 놓치는 실수는 하지 말자.

둘째는 상사의 시간과 입장을 배려하는 타이밍이다. 보고받기 편한 순간을 잡아야 한다. 상사가 바쁘다고 여러 가지를 한꺼번에 보고하면 의사결정이 어렵다. 상사가 의사결정을 쉽게 할 수 있게 보고하는 것이 보고의 기술이다.

이처럼 하나의 프로젝트가 완성되기 위해서는 수많은 보고를 거친다. 해당 프로젝트를 성사시켜야 하는 책임자와 상사는 최선의 결과를 위해 계획을 수정하기도, 번복하기도 한다. 전쟁터가 따로 없는 이 과정을 최대한 순조롭게 이어주는 요소가 '당신의 보고'다.

상사를 안심시키는 산뜻한 첫 문장을 준비하고, 두괄식 화법을 사용하며, 중간보고를 충실히 해야 한다. 또한 보고는 타이밍이다. 보고의 기술을 하나씩 실천하다 보면 소통 능력도 향상되고, 상사와의 인간관계도 돈독해질 것이다.

이메일 매너로
업무 센스 더하기

코로나19의 영향으로 비대면으로 소통하거나 보고하는 언택트 업무의 비중이 높아졌다. 따라서 비대면이라는 특성에 맞춰 메시지를 압축해서 명확하게 전달하는 능력이 중요한 시대다. 그중 가장 많이 사용되는 업무 수단이 이메일이다. 이메일은 글과 형식으로 전달하는 소통 수단으로써 기록으로 남는다는 장점이 있다. 또한 이메일 업무는 신입사원도 몇 가지 규칙만 잘 익히고 활용하면 빠르게 일잘러로 인정받을 수 있는 지름길이다. 여러 가지 변화에 적응해야 하는 신입사원도 쉽게 따라 할 수 있는 이메일 예절과 이메일 작성법을 소개하겠다.

이메일에도 매너가 있다

1. 답신은 최대한 신속히 한다

상대방이 회신이나 자료를 요청할 때는 다음의 예시처럼 구체적으로 일정을 알려준다. "예, 알겠습니다. 시간 내에 자료를 보내드리겠습니다" 또는 "시간 내에는 어려울 것 같습니다. 늦어도 내일 오전까지 작성해 송부드리겠습니다."

2. 중요하거나 급한 메일은 메일 전송 후 전화나 메신저로 메일 발송을 알린다

상대방도 이메일 수신 상황을 알아야 요청 사항에 대응할 수 있다.

3. 메시지를 효과적으로 만드는 타이밍이 있다

- 상대에게 요청이나 회신이 필요한 이메일 : 내가 상대에게 업무를 요청하거나 그날 회신이 필요한 이메일은 가급적 오전에 일찍 보낸다. 상대방이 나에게 요청받은 업무를 처리하거나 회신할 시간이 필요하기 때문이다.
- 회신 이메일 : 오전에 메일을 받았으면 회신은 그날 업무시간이 끝나기 전에 한다. 일반적인 회신의 지침은 8시간 이내에 하는 것이다. 만약 시간이 걸린다면 언제까지 회신을 주겠다는 내용을 먼저 보내놓고 요청 자료를 작성한다.
- 회의 및 미팅 후 결과 이메일 : 회의 결과 이메일은 회의 이후 24시간을 넘기지 않는 것이 정석이다. 회의를 아침 10시에 했다면 그날 퇴

근 전에 보내는 것이 가장 좋다. 늦어도 내일 10시까지는 회의록을 모든 사람에게 전달해야 한다. 24시간을 넘기면 사람들은 회의 결과에 관심이 멀어지고, 이메일의 중요도도 약해진다.

- 처음 만난 사람에게 보내는 이메일 : 업무적으로 처음 만난 사람에게는 상대보다 먼저 보내는 것이 중요하다. 이메일로 보내야 할 때와 모바일 메시지로 보내야 할 때를 판단하라. 상대가 먼저 보내서 회신을 주는 것보다는 상대보다 먼저 보내는 주도적인 메시지가 더 강한 법이다.

일잘러의 이메일 작성 가이드 8가지

업무적 이메일은 명확하고 효율적인 소통이 목적이며, 상대방이 나의 의도를 빠르고 정확하게 이해하는 데 중점을 둔다. 다음은 일잘러들의 이메일 작성법 8가지 요소를 소개한다.

1. 제목

제목은 핵심 내용을 전달하는 한 줄 요약이다. 이메일의 제목만 봐도 보내는 곳이 어디이며 무슨 내용인지를 짐작할 수 있어야 한다. 실제로 받아보는 이메일 제목을 보면 고연차 직장인도 아마추어 같을 때가 많다. 예를 들면 '행복컴퍼니입니다', '홍길동입니다', '보고서 송부' 이런 제목들이다. 이메일 작성법은 이처럼 누가 딱히 가르쳐주지도 않고, 지적하는 사람도 없으니 대부분 습관대로 작성한다. 그러나 제목을 잘 쓰면 상대방이 식별하기도 좋고, 다시 확인할 때 찾기도 편리하다. 다음은 좋은 제목 작성 방법 2가지를 소개한다.

(1) ○○소속, ○○의 건, 목적성 단어 3가지 형식에 맞춰 쓰기

앞에서 나열한 이메일 제목들을 이 3가지의 형식에 맞게 바꿔보자.

- 행복 컴퍼니입니다 ▶ ○○사 런칭제품 관련 자료 및 미팅 제안
- 홍길동입니다 ▶ ○○팀 신제품 시장조사 결과 자료 전달
- 협의 드립니다 ▶ ○○사 A제품 단가 조정 기획안 내용 협의
- 보고서 송부 ▶ ○○팀 A신상품 소비자층 분석 보고서
- 안녕하세요 ▶ ○○사 신년 맞이 워크샵 행사 프로그램 송부

(2) 글머리 달아주기

이메일의 제목 앞에 글머리를 달아줘서 이메일의 내용을 명확하게 전달하는 방법이다. 다음 2가지 유형을 용건에 따라 사용한다.

- 이메일의 성격을 나타내는 글머리

  [전달] ○○팀 신제품 시장조사 결과 자료

  [보고서] ○○팀 A신상품 소비자층 분석 자료

- 이메일의 내용을 글머리에 써줘 구체화해주는 형식

  [A제품 소비자 분석] ○○팀 신상품 소비자층 분석 보고서

  [워크샵 프로그램] ○○사 신년맞이 워크샵 세부일정 송부

2. 인사말

이메일의 시작과 끝에 간단한 인사말로 예의를 갖춘다. 이는 비대면 상황에서도 상호 존중을 나타내는 중요한 요소다. 첫인사와 본인 소개는 짧게 한두 줄 정도가 적당하다. 빨리 용건을 파악하는 것이 중요하기 때문이다. 오랜만에 보내는 메일이거나, 아이스 브레이킹 문구로 안부 인사를 넣고 싶을 때는 길지 않게 한두 문장만 추가하는 것이 적당하다. 사내 부서에 공유하는 이메일인지, 대외로 보내는 이메일인지 또는 관계와 친밀도에 따라 상황별로 응용해서 인사말을 작성한다.

[첫인사]

"○○님 반갑습니다", "○○님 좋은 아침입니다."

[본인소개]

"○○팀 박○○ 대리입니다", "어제 뵈었던 ○○소속 박○○ 팀장입니다."

[안부인사]

"즐거운 휴가 보내셨나요?", "바쁘신 업무에 수고 많으십니다."

예시)

안녕하세요? 김○○ 대리님.

행복컴퍼니 박○○ 팀장입니다. 추운 날씨에 잘 지내고 계신지요?

3. 본문

본문은 간결하며, 가독성이 좋게 작성하는 것이 중요하다. 굵은 글씨, 글자색, 밑줄 등을 활용하거나 번호, 기호를 적절히 사용해도 좋다. 본문

구성은 크게 2개의 단락으로 나뉜다.

첫째, 본문의 도입부에 이메일을 보내는 목적과 핵심 내용을 먼저 작성한다. 이메일을 왜 보냈는지 핵심 내용을 도입부에 전달해서 중요한 사항을 놓치지 않게 한다.

둘째, 세부적인 본문 내용을 한눈에 파악할 수 있게 구조화한다. 카테고리를 나누듯이 같은 내용끼리 묶어서 내용 1, 내용 2, 내용 3의 형태로 분류해서 작성한다.

예시)

○○년도 워크샵 관련 결정 사항입니다. 일정은 1차 회의 때 결정한 대로 다음 주 목~금요일 1박 2일로 진행합니다. 이에 관련한 세부 사항입니다.

① 날짜

② 장소

③ 준비물

4. 명확한 요청 사항

이메일의 끝부분에는 수신자가 어떤 행동을 취해야 하는지를 명확하게 명시해야 한다. 예를 들어 빠른 회신이나 자료 요청 시에 돌려서 물어보지 말고, 분명하게 요청하는 것이 업무의 완성도를 높인다.

예시)

아차 대리 : 내일까지 회신 가능할까요?

재치 대리 : 요청드린 자료는 내일 15시까지 회신 부탁드립니다. 만약 시간 내 작성

이 불가하시다면 가능한 날짜와 시간을 알려주시기 바랍니다.

5. 끝인사

상황에 맞는 적절한 인사로 마무리한다. 이왕이면 감사의 뜻을 포함하는 끝인사는 상대방에게 좋은 인상을 준다.

예시)

감사합니다. 좋은 하루 되세요.

도움에 감사드립니다. 즐거운 주말 보내세요.

오후에도 파이팅하세요. 감사합니다.

6. 서명

이메일 서명은 작은 부분이지만, 발신자의 전문성과 신뢰도를 높이는 중요한 역할을 한다. 서명을 통해 발신자의 신원을 명확히 해서 수신자가 이메일 작성자를 쉽게 파악하고, 필요할 때 연락할 수 있게 돕는다. 효과적인 이메일 서명에는 다음과 같은 기본 정보가 포함된다.

- 이름 : 발신자 식별을 위해 풀 네임을 사용
- 직함 및 회사명 : 발신자의 소속과 역할을 명시
- 연락처 정보 : 전화번호, 이메일 주소, 회사 주소 등
- 웹사이트 : 회사 또는 개인 웹사이트 URL 제공
- 기타 필요에 따른 정보 : 주요 소셜 미디어 프로필 링크 추가

서명은 깔끔하고 전문적인 이미지를 주는 것이 좋다. 회사 로고나 인증 배지를 추가하면, 잠재 고객과 파트너에게 신뢰도를 높일 수 있다. 회사 차원에서 표준 전자 메일 서명 템플릿을 제공해, 모든 직원이 동일한 서명 형식을 사용하는 것도 좋은 방법이다. 이는 회사의 브랜드 일관성을 유지하고, 파트너사가 귀사를 신뢰하게 만드는 데 도움이 된다.

7. 수신자

수신자 입력이 메일의 가장 상단에 있지만, '수신자'를 마지막에 언급하기로 했다. 첨부파일 누락이나 오탈자를 확인하고, 보내기 버튼을 누르기 전에 수신자를 입력하는 것이 안전하기 때문이다.

'수신자'와 '참조'를 정확히 구분해서 입력해야 한다. 수신자는 메일 내용을 직접 처리하고 담당하는 실무자를 말한다. 참조자는 직접 처리하지 않지만, 내용은 알고 있어야 하는 사람이다. 단, 실무 담당자가 2명이면 2명 모두 수신자에 입력한다.

8. 주의사항

가장 흔한 실수가 첨부파일 누락과 오탈자 맞춤법 오류다. 첨부파일 누락을 방지하려면, 이메일 작성 전에 첨부파일을 먼저 추가해놓고 작성하기를 추천한다. 비즈니스 메일에서는 오탈자나 띄어쓰기 실수 하나도 문제가 될 수 있다. 특히 숫자 오타는 돌이킬 수 없는 큰 문제를 일으킬 수 있다. 오타나 문법 오류는 수신자에게 부정적인 인상을 줄 수 있으므로 주의해야 한다. 또한 공유, 예약 발송, 메일함 자동 분류 기능, 검색 기능 등을 잘 활용하면 이메일 업무를 훨씬 효율적으로 처리할 수 있다.

이메일은 회사 내 구성원 간의 업무 진행 상황을 공유하고, 상사에게 효과적으로 보고할 수 있는 창구이며, 거래처와 서면으로 소통할 수 있는 편리한 도구다. 따라서 이메일은 개인의 얼굴이 될 수도 있고, 때로는 회사를 대표하는 이미지가 될 수도 있다.

지금까지 특별한 형식 없이 이메일을 작성해온 직장인이라면 지금 바로 제목 작성법부터 바꿔보기를 바란다. 또한 재택근무를 슬기롭게 수행해야 하는 사람도 효과적인 이메일 사용으로 업무 능력을 높이고, 원활한 소통의 도구로 활용하기 바란다.

스몰토크를 잘하는 사람은
질문도 남다르다

평소에는 괜찮다가 둘만 남으면 어색해질 때가 있다. 고요한 정적을 깨고 싶은데 무슨 말부터 꺼내야 할지 고민되는 순간이다. 탕비실에서 상사를 만났을 때, 팀장님과 식사하러 가는 길에도 대화 소재를 찾는 것이 쉬운 일은 아니다. 센스 있는 스몰토크가 절실한 상황은 드라마에서도 자주 연출된다. 안면이 있는 사람과 엘리베이터에서 만나면 둘 중 한 사람이 먼저 내려야만 어색함이 해결된다. 과장님과 외근을 나가면 과장님도 운전하면서 어색하신지 자꾸 눈 좀 붙이라고 하신다.

사회생활에서 스몰토크를 잘하는 것은 큰 장점으로, 이는 일과 대인관계를 잘 풀어가는 좋은 도구가 된다. 사람들은 스몰토크를 화술이 좋아야만 잘한다고 생각하는데 사실은 그렇지 않다. 스몰토크를 대화의 기술로 생각하고 배우려고 하면 더 어렵다. 바로 소개할 간단한 공식 3가지만 적용해도 직장 내 인간관계가 훨씬 편해질 수 있다.

첫 번째는 인사에 한마디를 덧붙이는 방법이다. 직장 엘리베이터에서 부장님과 만났을 때 인사를 "안녕하세요?"로 끝내면 20층까지 숨 막히게 오래 걸린다. 부장님이라도 대화의 물꼬를 터주면 좋을 텐데 역시 '좋은 아침'이 끝이다. 이 침묵이 왠지 내 책임인 것 같아 불편한 것이 우리 직장인들의 마음이다. 그렇다면 늘 하는 인사에 한마디만 덧붙여서 말해보자.

"부장님, 안녕하세요? 오늘 비가 와서 차가 많이 막힐 텐데 일찍 오셨네요?"
아무리 무뚝뚝한 부장님이라도 내가 터준 물꼬에 힘입어 한마디는 더 하신다.
"생각보다 안 막히네? 은대리는 길 괜찮았어?"

"과장님, 안녕하세요? 지난주에 휴가 잘 다녀오셨어요?"
"응, 오랜만에 고향 가서 푹 쉬다 왔어, 은대리는 휴가가 이번 주던가?"

"팀장님, 안녕하세요? 어제 회식이었는데 피곤하지 않으세요?"
"좀 피곤해, 은대리도 어제 술 좀 하던데 컨디션은 괜찮아?"

이렇게 인사에 덧붙인 한마디는 대화의 소재가 되어 다음 이야기로 자연스럽게 연결된다. 덧붙일 한마디를 찾을 때는 일상, 관심사, 용모 등의 주제가 과하지 않아서 좋다. 날씨나 회식, 휴가 등은 일상에 관한 인사말이고, 상대방의 메신저 사진에 자주 등장하는 반려견이나 여행은 관심사에 해당한다. 헤어스타일이나 복장 넥타이 등 용모에 대한 칭찬도 센스 있는 인사말이다. 그 밖에 TV나 영화, 사회적인 이슈들도 스몰토크의 좋은 소재다.

두 번째는 대답을 단답형으로 끝내지 않는 것이다. 상사들도 MZ세대 후배와 식사하러 가는 길이 쉽지만은 않다. 대화가 척척 오가면 좋겠지만 침묵 상태의 애매한 시간은 상사도 불편하다. 예를 들어 상사가 후배한테 "은대리 휴가는 잘 다녀왔어?"라고 말을 걸었을 때 "네, 잘 다녀왔습니다"로 끝내버리면 대화는 멈춰버린다. 상사가 대화를 이어가기 위해 "휴가 어디로 다녀왔어?"라고 물어본다 해도 "남해요"라고만 대답하면 물어본 사람마저 민망하다. 식사 내내 정적이 흐르면 상사도 어색하긴 마찬가지다.

"은대리, 휴가는 잘 다녀왔어?"
"네, 팀장님. 이번엔 친구들과 날짜를 맞춰서 남해 바닷가에 다녀왔는데요, 가볼 곳이 많더라고요, 팀장님도 휴가 잘 다녀오셨어요?"

이렇게 대답을 조금만 디테일하게 해줘도 대화가 풍성해진다. 디테일한 대답이 스몰토크의 주제가 되어 식사 내내 이야기를 주고받을 수 있다. 여행지 이야기에서 그 지역의 맛집으로 대화가 확장되면 회사로 돌아가는 길도 즐겁다. "선배님, 혹시 이 지역에 가시게 되면 여기 꼭 한번 들러보세요, 아마 만족하실 거예요" 하면서 링크까지 보내준다면 그 직원이 얼마나 예쁠까? 누구나 대화가 편한 사람을 좋아하기 마련이다.

세 번째는 스몰토크에 서툴다면 공감으로 시작하자. 대화를 반드시 내가 주도하려고 애쓰지 않아도 된다. 상대방의 이야기에 호응하다 보면 질문거리가 되는 포인트가 있다. 포인트를 집어서 언급해주는 것만으로도 스몰토크를 잘하는 사람이라는 느낌을 준다. 또한 자신의 이야기에 관심을 기울이고 있다는 생각에 친근함을 느낀다. 상대방이 혼자 열심히 이야기하다 보면 문득 당신의 이야기도 듣고 싶어져 물어볼 때가 있다. 그때 당신의 생각이나 경험을 너무 짧지도, 너무 길지도 않게 이야기하면 된다. 만약 여기에서 공통의 관심사가 발견되기라도 한다면 할 이야기는 더욱 많아지게 된다.

스몰토크는 잘하는 것도 중요하지만, 선을 지키는 것이 더 중요하다. 누군가 무심코 물어보는 질문이 사람에 따라서는 실례가 되기도 한다. 특히 친하지 않은 사람이 자꾸 개인 신상을 묻는 질문으로 이야기를 끌고 가면 대화를 그만하고 싶은 마음이 들 수 있다.

언젠가 모임이 끝난 후 여성 회원 한 분을 전철역까지 태워다주게 되었다. 여성분이 말을 걸기 시작했다

"집이 합정동이라고 하셨죠?"
"합정동에 살다가 최근 ○○동으로 이사했어요."

"그렇군요. ○○동이 집값이 싸죠?"

정확한 의도는 모르겠지만 적당히 넘어갔다. 그런데 질문은 거기서 끝나지 않았다.

"집이 몇 평이에요?"
"집에 누구누구 사세요?"
"지금 사시는 아파트가 자가예요, 전월세예요?"

이건 적절한 스몰토크가 아니었다. 더 깊은 질문이 나오기 전에 전철역에 도착한 것이 천만다행이었던 개인 신상 인터뷰였다.

"집이 어디세요?"는 우리가 무심코 많이 하는 질문이다. 이 질문에 "○○구 ○○동이에요"라고 대답할 때가 있는 반면 "○○구예요"라고만 오픈하는 사람도 있다. 그럴 때 굳이 "○○구 무슨 동이에요?"라고 꼬치꼬치 물어보는 것보다는 차라리 소재의 범위를 넓히는 것이 좋다.

"아~ ○○구요. 제가 등산을 좋아해서 그쪽으로 자주 가다 보니 ○○구가 친숙해요. 요즘은 공기 좋은 곳이 최고죠." 이런 식으로 환경이나 취미로 소재를 확장하면 서로 공감대를 형성할 수 있는 이야기가 점점 많아진다.

서비스직에 종사하는 사람들은 고객과의 스몰토크가 생존 대화나 다름없다. 그들과 대화를 하다 보면 스몰토크를 잘하는 사람은 질문도 남다르다는 것을 깨닫는다. 집이 어디냐고 콕 집어서 물어보는 대신 "집이 가까우세요?" 또는 "멀리서 오셨어요?"라고 물어본다. 그러면 고객은 본인의 입장에 맞게 편하게 대답할 수 있다. "차로 1시간 거리예요" 또는 "집이 ○○동이니까 먼 거리는 아니에요"라고 말이다.

이 스몰토크 챕터는 유일하게 국내가 아닌 캄보디아 출장 중에 쓰고 있다. 오랜 협력사의 한차장님이 식사 도중에 한 이야기에 영감을 얻었기 때문이다. 한차장님은 한국의 중대기업 소속으로 캄보디아 현지에 파견된 지 올해로 14년째다. 정년을 고민하는 한차장님에게 "은퇴한다면 한국으로 돌아갈 건가요?"라고 물어봤다. 뜻밖에도 한차장님은 그럴 생각이 전혀 없다고 했다. 그는 가끔 한국에 들어갈 때마다 놀라는 것이 2가지가 있다고 한다. 첫 번째는 사람들의 발걸음에 너무 여유가 없다는 점이고, 두 번째는 사람들의 표정이 다들 화가 나 있다는 것이다. 말 걸기는커녕 다가가기도 힘들다는 말에 모두 공감할 수밖에 없었다.

다음날 조식을 먹으러 엘리베이터를 탔다. 엘리베이터 안에는 키가 190cm쯤 되어 보이는 흑인계 남성이 타고 있었다. 그들은 항상 먼저 미소 짓고 먼저 인사한다. "굿모닝" 하면서 미소 짓는 그에게 나도 "굿모닝" 인사하며 식당이 있는 층의 버튼을 눌렀다. 그는 아침 식사하러 가냐고 물었고 "예스"라고 대답하는 나에게 즐거운 식사 시간 되라고 말해주는 동안 어느새 식당에 도착했다. 엘리베이터에서 내리는 나에게 손과 눈인사를 해주는 그를 보며 어제 한차장님의 이야기가 떠올랐다. 한국인들의 입 다문 표정은 무섭다지만, 친절하게 스몰토크하는 큰 체격의 흑인 남성은 하나도 무섭지 않았다.

과거의 나처럼 스몰토크를 어려워하는 직장인들이 있을 것이다. 성향의 차이는 있지만 스몰토크는 누구에게나 약간의 용기가 필요하다. 다가가는 용기와 자꾸 해보는 용기다. 뜻밖의 장소에서 어색함을 못 이겨 시도한 대화가 서로에게 도움을 주는 좋은 관계를 만들기도 한다. 과하지 않고 무리하지도 않는 선에서 편안한 대화로 상대에게 다가간다면, 삭막한 직장생활 속에서 따뜻함을 맛볼 수 있는 유용한 무기가 되지 않을까 생각해본다.

기분 좋은 소통의 기본은
이해와 배려

헤어지는 연인의 절반이 오해로 인해 영문도 모른 채 이별한다고 한다. 세상에는 오해가 반이라는 말이 괜한 말이 아닌가 보다. 직장에서 역시 대부분의 갈등은 소통 과정에서의 오해에서 나온다. 다양한 배경과 경험, 성격을 가진 사람들이 모인 곳인 만큼 오해와 갈등이 생기기 쉽다. 좋은 관계는 올바른 소통을 통해 만들어진다. 서로에게 이해와 배려가 없다면 기분 좋은 소통은 기대하기 힘들다. 첫째는 나 자신이 내적으로 건강해야 남을 곡해하거나 오해하지 않는다. 서로의 입장과 감정을 이해하고, 이를 토대로 배려하며, 적절히 표현할 수 있어야 한다. 그러기 위해서는 경청, 공감, 감정 조절 등의 노력이 필요하다. 이해와 배려의 소통은 개인적인 관계뿐만 아니라 조직 전체의 성공에도 큰 영향을 미친다.

경청은 소통의 시작이자 끝이다

경청은 소통의 시작이자 끝이다. 단순히 잘 듣는 것이 아니라, 그 의미를 이해하고 제대로 듣는 노력이다. 적극적인 경청을 위해서는 상대방의 말을 끊거나 방해하지 않아야 한다. 고개를 끄덕이거나 "그래요?", "좋네요" 같은 추임새를 넣어도 좋다. 눈을 보며 밝은 표정으로 나누는 대화는 상대방에 대한 관심과 존중을 나타낸다. 팔짱을 끼거나 몸과 시선의 방향이 다른 곳을 향하는 것은 부정적인 비언어로 해석된다. 아무리 가까운 사람이어도 예의는 지켜야 한다. 메모하는 습관도 경청의 자세 중 하나다. 상사나 동료의 말을 메모하며 듣는 것은 진정성 있는 관심과 책임감을 보여준다. 경청은 우리가 더 깊이 대화할 수 있게 하는 소통의 첫걸음이다.

상대의 자존심을 살려주는 '공감' 능력

공감은 상대방의 감정을 이해하고 그 사람의 입장에서 생각하는 능력이다. 잘 들어주고 공감하고 칭찬해주는 소통은 상대의 자존심을 살려준다. 공감은 자연스럽게 배려심을 동반하고, 관계를 더욱 돈독하게 해준다. 하지만 가끔은 공감 능력 제로, 배려심 제로인 사람도 있다. 예를 들어, 퇴근 후 엑셀 수식을 익히고 있는 당신에게 "낮에는 뭐하고 이 시간까지 야근하냐?"라고 묻는다면 그 사람과는 더 이상 말하기 싫어질 것이다. 상대방의 말이나 행동에서 의도를 이해해야 한다. 상사의 의견이나 프로젝트를 더 잘 이해하기 위한 '질문'도 좋다. 선후배나 동료의 말에 동의나 찬성의 뜻을 담은 공감을 해주면 대화 상대에게 큰 위로가 된다. 예를 들어 "무슨 말씀인지 이해가 됩니다", "좋아요, 저도 검토해보겠습니다"와 같이 공감해주는 반응이다. 이해와 배려로 공감하는 것도 소통의 기술이다. 이는 팀워크를 향상하고, 인간관계를 더욱 친밀하게 만든다.

성숙한 소통을 위한 감정조절

직장에서는 감정적인 상황들에 자주 직면한다. 이러한 상황에 감정을 잘 조절하는 것은 성숙한 능력이다. 심호흡으로 순간적인 감정을 진정시키고, 자신의 감정을 객관적으로 바라보는 노력이 필요하다. 감정이 격한 상황에서는 잠시 자리를 옮기거나, 차 한 잔의 여유를 가지기를 권한다. 감정조절은 편안한 대화를 유지하게 하고, 상대방에게 느닷없는 상처를 입히는 것을 방지한다.

"물론 똑똑한 사람들도 감정적일 수 있습니다. 하지만 똑똑한 사람들은 즉시 반응하는 것보다 침착하게 생각하는 것이 더 유익하다는 것을 잘 알고 있습니다. 말하기 전에 제대로 생각하는 것은 감정에 의존하며 반응하기보다는 침착하게 반응하는 겁니다. 컨설턴트로서 저는 똑똑한 사람을 많이 만났고 그들은 모두 침착했습니다. 논리적 사고와 지식의 양 등 똑똑함을 구성하는 요소가 많이 있지만, 가장 중요한 것은 '말하기 전에 얼마나 멈추고 침착할 수 있는지'라는 점을 기억하십시오."*

알아듣기 쉽게 말하는 것도 지능이다

"똑똑하다는 말을 듣고 싶다면, 상대를 배려해서 말하라!
알아듣기 쉽게 말하는 게 지능이다, 감정 내세우지 말고 침착해야"

대문의 글 두 줄이 내 눈을 사로잡았다. 이 칼럼은 일본의 경영 컨설턴트 '아다치 유아'가 출간해 순식간에 베스트셀러에 오른《머리 좋은 사람이 말하기 전에 생각하는 것》을 소개하는 글이다. 이 짧은 글만 보더라도 배려 없는 말은 일방통행이 될 수밖에 없다는 것을 알 수 있다. 소위 유식한 사람일수록 어려운 단어나 전문 용어를 쓰는 경우가 있다. 하지만 일본의 경영 컨설턴트 아다치 유아는 "알아듣기 쉽게 말하는 게 지능"이라고 설명한다.

"쉽게 설명하지 못하면 모르는 것이다"라는 말도 있다. 어려운 것을 쉽게 설명하는 것이 진짜 실력이다. 하지만 쉬운 것을 어렵게 설명하는 사람도 많다. 내 말을 쉽게 전달하려면 다음의 몇 가지 사항을 고려하는 것이 좋다.

* 출처 : 홍순철의 글로벌 북 트렌드 〈"똑똑하다"는 말 듣고 싶다면…상대를 배려해서 말하라〉(2023.04.28.)
중 아다치 유아(安達 裕哉)의《머리 좋은 사람이 말하기 전에 생각하는 것》본문 재인용

- 요점을 명확하고 간결하게 말해야 이해하기 쉽다.
- 상대방의 이해 수준에 맞춰서 말해야 이해할 수 있다.
- 복잡한 개념은 비유와 예시를 사용하면 이해하기 쉽다.
- 정확한 발음과 자연스러운 억양을 사용해야 알아듣기 쉽다.

상대방을 배려하고, 이해하기 쉽게 하는 말하기는 이를 인식하고 훈련하는 소수의 사람만이 실천한다. 따라서 알아듣기 쉽게 말하는 것이 진짜 지능이다. 똑똑하다는 말을 듣고 싶다면 상대를 배려해서 말하라!

대화가 편해야 그 사람도 편하게 느껴진다. 헤어질 때 다시 만나고 싶은 사람은 대부분 내 감정과 의견을 앞세우기보다 상대의 의견과 감정을 이해하려는 사람이다. 반면 대하기 불편한 사람도 있다. 그것은 기분 좋은 소통에 실패했기 때문이다. 상대방의 말을 경청하고, 공감하며, 감정을 잘 조절하는 것은 신입사원과 경력사원 모두에게 필요한 기본적인 자질이다. 성공적인 소통을 위해 뭔가 대단한 방법을 찾지 않아도 된다. 우리가 평소 지겹도록 들어왔던 기본적인 요소에 충실하자. 공감과 소통이 직장생활의 화두로 떠오르는 요즘, 이해와 배려로 소통의 질을 높이는 우리가 되어보자.

요구사항을
오해 없이 전달하기

입사 2년 차에 후배 2명이 들어오면서 막내를 면했다. 같은 날 입사한 J주임과 K주임은 입사 쌍둥이라 불리며 서로를 의지했다. 한 사람이 커피를 마시면 같이 마셨고, 점심시간이 되면 팔짱 끼고 나가서 팔짱 끼고 들어올 정도로 친하게 지냈다.

어느 날 후배들을 개별 상담할 기회가 있었다. 예상과 달리 후배들은 가까이에서 함께 지내는 동료들에 대한 불만이 컸다. 심지어 입사 쌍둥이끼리도 불만이 있었다. 불만들은 주로 생활 속에서 오는 스트레스에 관한 것이었다. 예를 들면 동료가 항상 점심 메뉴를 정하니 자신은 따라갈 수밖에 없다는 불만, 대청소 날에는 무슨 핑계를 대서라도 빠지는 얄미운 동료, 업무 중에 사적인 통화를 너무 자주 하는 동료 때문에 집중이 안 된다는 불만 등이었다. 이런 동료에게 어떻게 말을 꺼내야 될지도 모르겠고, 분위기가 불편해지는 것이 싫어서 말도 못하고 참고 있었다. 나 또한 동료와 상사에게 불만이 많았지만, 속으로만 끙끙 앓던 참이었다. 이런 내가 명쾌한 해법을 주지 못하는 것은 너무나 당연했다.

그런데 두 후배들을 상담하며 놀라운 점을 발견했다. 바로 화법의 차이였다. K주임은 동료를 탓하는 말투로 자신이 피해자임을 강조했다. 반면 J주임은 다른 사람도 자신에게 불만이 있을 수 있다는 점을 고려해 사내 수칙 같은 것을 정해달라고 요청했다.

'같은 상황을 놓고 말하는 법이 이렇게 다를 수가 있다고?'

두 사람과의 개별상담은 '화법'의 중요성을 깨닫는 계기가 됐다. 나에게 평생 스승이 되어준 두 사람의 대화는 이 글의 맨 마지막에 다시 한번 소개하겠다.

그 후로도 후배들의 속내를 듣다 보면 항상 등장하는 이야기는 정해져 있었다. 크고 작은 불만과 상처에 하고 싶은 말을 '못한다'는 것이다. 특히 영향력 있는 상사에게 불만이 쌓인 직원은 공황장애로 잠도 못 이룬다고 했다. 더 슬픈 것은 겉으로는 웃으며 하루를 버틴다는 사실이다. 나 또한 그들과 같은 일을 무수히 겪었다. 그 결과 나에게는 분명한 철학이 생겼다. 상대방이 어떤 말도 안 통하는 독불장군이 아니라면 '이 세상에 대화로 해결 안 될 문제는 없다'는 것이다. 물론 쉬운 일은 아니다. 만약 대화에 실패하면 관계가 어색해지는 부작용이 생길 수도 있다. 그래도 신경을 긁는 스트레스가 곪아 터지는 것보다는 낫다. 서로 어색해지지도 않고, 짜증나는 행동도 멈추게 하는 두 마리 토끼, 어떻게 하면 잡을 수 있을까? 다음 3가지를 적용해서 하고 싶은 말을 오해 없이 전달하는 대화를 시도해보자.

요구 사항을 오해 없이 전달하는 3가지 방법

1. 정중하고 명확하게 의사 표현하기

언제부터인가 나는 "의사 표현을 명확하게 하세요"라는 말을 입에 달고 산다. 가족은 물론이고 가까운 지인들은 다 알 정도다. 상대의 거슬리는 행동의 원인에는 자신이 의사 표현을 명확하게 하지 않은 탓도 일부 있다. 지나친 양보의 미덕으로 의사 표현을 안 하면 늘 상대방이 정하는 메뉴를 먹을 수밖에 없다. 당신이 의사를 표현하지 않으면 상대도 당신의 의중을 몰라 본의 아닌 실례를 범하는 것이다. 예의에 벗어나지 않는 방식으로 자기 의사를 정중하게 밝히는 연습을 해보자. 오히려 참는 것보다 관계가 놀라울 정도로 좋아지기도 한다.

2. 당사자에게 직접 말하기

입장을 바꿔서 누군가가 당신의 어떤 부분 때문에 불편을 느끼고 있다면, 당신은 상대방이 어떻게 해주기를 바라는가? 대부분은 솔직히 말해주길 바랄 것이다. 만약 제3자를 통해 듣게 된다면 아무리 맞는 말이어도 화가 날 수 있다. 솔직히 알려줬으면 사과하고 고쳤을 텐데 당신의 실수를 소문낸 것이나 다름없기 때문이다. 그래서 가장 좋은 방법은 당사자에게 직접 말하는 것이다.

사람들은 대부분 남에게 폐를 끼치는 것을 싫어한다. 상사들 또한 자신의 부하직원이 자신 때문에 힘든 점은 없는지 신경을 쓴다. 따라서 누군가 자신 때문에 불편하다는 사실을 알게 되면 당황하든, 해명을 하든 대부분 미안해한다. 당신이 망설였던 것보다 훨씬 좋은 결과로 이어질 확률이 높다는 뜻이다. 그러나 어떤 경우에는 상대방의 분노를 살 때도 있다. 드물지만 일어날 수 있는 일이다. 상대방이 자존심이 강해서 인정을 안 할 수도 있고, 속으로는 인정하지만 그냥 지기 싫어서 고집을 부릴 수도 있다. 그게 아니라면, 어쩌면 당신도 모르게 상대방이 사과하고 싶지 않게 만드는 화법을 썼을 수도 있다.

3. 공격적이지 않게 말하기

하고 싶은 말을 못해서 마음고생하는 사람도 많지만, 하고 싶은 말을 잘못된 방식으로 전달하는 사람은 더 많이 봐왔다. 감정이 격해진 나머지 너무 흥분해서 말하는 바람에 아무리 맞는 말이라도 상대방의 동의를 얻지 못하고 상황이 악화되는 경우다. 맞는 말을 나쁜 말투로 전달하면, 상대의 귀에 맞는 말은 들리지 않는다. 나쁜 말투가 들릴 뿐이고, 적대적인 표정이 보일 뿐이다. 특히 상사를 궁지로 몰면 방어적인 태도를 취할 가능성이 높다. 해야 할 말을 하기로 마음먹었다면 '공격적이지 않게' 말하는 것이 포인트다. 우리가 원하는 좋은 결과는 차분하고, 침착한 어조로 이끌어갈 때 얻을 수 있다.

직장에서 마주하는 현실은 한마디로 복잡, 미묘하다. 이론으로는 설명이 안 되는 상황들도 있고, 상식의 궤도를 벗어나 내가 어찌할 수 없는 일들도 많다. 하지만 대화로 풀 수 있는 문제들은 앞에서 소개한 3가지를 적용하면 눈에 띄게 효과적으로 해결할 수 있다. 의사 표현을 하고, 당사자에게 직접 말하되 침착하고 담담한 모습을 유지해야 한다. 자신의 의사를 소신 있게 전달하는 태도는 회사뿐 아니라 모임이나 친구들 사이에서도 큰 장점으로 작용한다.

동료에게 할 말 해보기

Q : 동료가 매일 자기 좋아하는 A식당만 가자고 해요.

A : "오늘은 A도 당기지만 B도 당기네요, 오늘은 A를 먹고 내일은 B를 먹기로 해요."

Q : 사적인 통화를 너무 자주해서 일에 집중할 수가 없어요.

A : "통화 내용을 안 들으려고 하는데도 다 들리니 집중할 수가 없네요, 짧은 통화가 아니라면 테라스에서 편하게 통화하는 게 어때요?"

Q : 동료가 얌체처럼 대청소 날마다 쏙 빠지니 얄미워 죽겠어요.

A : "잘 다녀왔어요? 주임님이 없으니 대청소가 힘들었어요, 앞으로는 일정을 미리 얘기해주세요. 주임님 외근이 없는 날로 잡아야겠어요."

후배에게 배운 놀라운 소통법

K주임 : A가 자꾸 정치 얘기를 해서 피곤합니다. B는 왜 맨날 전화를 스피커폰으로 하는지, 그뿐만이 아니에요. C는요… J는요… 아무튼 그래서 일도 손에 안 잡히고, 뭐라고 싫은 소리도 못하겠고 너무 짜증납니다.

J주임 : 선배님, 누구라고 말씀은 안 드리겠지만, 회사에서 정치 얘기를 하거나 스피커폰으로 통화하는 게 습관이 된 사람 때문에 업무에 방해가 됩니다. 사내 수칙 같은 것을 만들어서 공지하고 벽에도 붙이는 게 어떨까요? 선배님이 회사에 건의해주신다면 제가 사내 수칙 10가지를 생각해놓은 것이 있습니다.

참으로 놀라웠다. J주임은 남의 인격을 무너뜨리지 않으면서도 자신의 의견을 소신 있게 전달했다. 자신의 품격 상승은 물론이고, 선배인 나의 위치까지 세워줬다. 징징대거나 하소연 한마디 없이 문제에 대한 해결책까지 제시해 사무실 문화를 업그레이드한 J주임. 여린 외모가 커 보이기만 했던 J주임은 나도 어렸던 그 시절, 오랫동안 나를 도우며 좋은 동반자로 함께 했었다. 아, 그리운 J주임이여….

5장

팀 속에서 빛나는
인간관계의 기술

나만 옳다고 여기는
생각을 버려라

대화가 잘 통하는 사람과 함께 있으면, 대화 자체가 힐링이다. 우리가 이상형으로 외모보다 '대화가 잘 통하는 사람'을 꼽는 이유다. 하지만 우리의 현실은 힐링과는 거리가 먼 대화를 해야 할 때가 많다. 대화를 나누며 휴식을 누리려다가 오히려 피로감을 안고 돌아오는 경험을 하고는 한다. 그 사람의 말이 피곤한 이유는 그의 말 속에 섞여 있는 생각 때문이다. 특히 '나는 옳고 너는 틀렸다'는 생각이 주된 이유다. 이러한 생각은 자신의 관점만을 고집하는 데서 비롯된다.

언제나 자신은 옳다고 주장하는 사람들의 태도는 다음 3가지 특성으로 나타난다. 문제가 발생하면 남 탓을 먼저 하고, 무슨 이유로든 자신을 정당화하는 핑계를 만들며, 누구 때문이라는 불평불만을 늘어놓는다. 이는 모두 자신도 모르게 사용하는 습관적 방어 기제다. 가끔은 자신의 태도를 자각하고, 상대방을 인정할 때도 있지만 대부분 양심보다는 습관이 앞선다. 갑자기 생각 습관을 바꾸기란 어렵다. 하지만 남 탓, 핑계, 불평불만을 걷어내는 말 습관을 기르자. 일찍부터 건강한 가치관을 형성해야 멋진 어른으로 성장할 수 있다.

남 탓도 습관이다

주위를 둘러보면 자신은 전혀 잘못이 없고, 상대방만 문제라고 탓하는 사람들이 있다. 이들은 문제의 원인과 책임을 전적으로 타인에게 전가하려는 경향이 강하다. 심리학적으로 살펴보면 남 탓은 주로 책임을 회피하는 방어의 수단으로써 스스로를 보호하려는 심리에서 비롯된다. 이런 사람은 겉으로는 자기주장이 확고하고 당당해 보이지만, 사실은 낮은 자존감을 가진 사람이 많다. 책임을 다른 사람이나 외부 요인으로 돌려 낮은 자존감을 숨기기 위한 방어 기제로 작용하는 것이다. 또한 남 탓은 비난으로 이어진다. 원하지 않는 상황이 됐을 때 남이 잘못했다고 비난함으로써, 일시적인 안정감을 얻고자 하는 심리적 기제다.

남 탓하는 사람은 타인의 비난에는 매우 취약하다. 자신을 부풀려 과시하는 것을 좋아하고, 타인의 공로까지 슬그머니 자신의 것으로 만들려는 경향을 보이기도 한다. 반면 문제가 발생했을 때는 책임을 전가하며 자기 합리화를 시도한다. 이렇듯 남 탓하는 사람들의 심리에는 복잡한 방어 기제와 낮은 자존감의 문제가 얽혀 있다. 하지만 문제가 생길 때마다 이런 모습을 보이면 듣는 사람도 지치고, 뻔한 남 탓과 자기 합리화에 점점 동의할 수 없게 된다.

남 탓은 직장생활에서도 자주 발생한다. 특히 입사 초기에는 실수의 책임이 두려워 선배나 동료를 원인 제공자로 끌어들이기도 한다. 또는 문제를 보고할 때 무책임한 태도를 보이며, 자신만 빠져나오려는 경우도 있다. 이런 모습은 신입사원에게만 나타나는 현상은 아니다. 고참이라 해도 문제가 생겼을 때 상사의 입장을 고려한 대화법을 잘 모르는 사람이 많다. 어떤 문제가 생기면 "이렇게 됐는데 어떻게 하죠?" 또는 "이 부분을 어떻게 하실 건가요?"라는 식으로 상사에게 책임을 떠넘기거나, 인내심 테스트를 하는 질문을 하기도 한다. 지위 고하를 막론하고 이러한 태도는 문제 해결을 지연시키고 상황을 악화시킨다. 이를 개선하기 위해서는 자신의 책임을 솔직하게 인정하고 함께 해결하려는 의지가 필요하다. 자기 성찰과 책임감은 신뢰 관계의 첫 번째 요소이고, 조직 전체의 성장과도 직결되는 중요한 자세다.

핑계도 습관이다

핑계란 자신을 정당화하기 위해 다른 이유나 상황을 내세우는 것을 의미한다. 내키지 않는 일을 피하기 위해 둘러대는 말이나, 자신의 오류에 대한 변명으로 나타난다. 진로 및 직업상담 포털 서비스 커리어넷의 김기태 전 대표는 한 인터뷰에서 "상당수 직장인이 자신의 잘못을 감추기 위해 상사 또는 동료에게 핑계를 대고 있다. 서로 간에 신뢰를 쌓기 위해서는 잘못에 대한 변명보다는 타당한 이유로 상대방을 설득하는 것이 좋다"라고 이야기했다.

물론 살면서 핑계 한번 안 대 본 사람은 없을 것이다. 그러나 중요한 것은 그 빈도다. 직장에서도 중요한 일이나 대청소가 있을 때면 요주의 인물이 되는 사람이 있다. 평소의 패턴으로 봤을 때 빠질 확률이 높기 때문이다. 상사나 동료가 결근을 미리 염려하고 핑계 문자를 예측할 정도라면 스스로가 반성할 필요가 있다. 핑계는 사실대로 말하기가 곤란한 상황일 때, 상대방이 걱정할까 봐 등 정말 어쩔 수 없을 때 하얀 거짓말처럼 댈 수는 있어도, 습관이 되어서는 안 된다. 핑계는 자신을 방어하거나 상황을 모면하기 위해 사용되지만, 자주 사용하면 결국 신뢰를 잃어 자기 손해가 된다. 본의 아니게 실수가 됐을 때도 마찬가지다. 책임을 피하기 위해 방어적으로 변하거나, 자신의 역할을 부정하는 태도는 가장 미숙하고 무책임한 태도다. 핑계와 합리화를 반복하는 행동은 상사도 알고 후배도 다 안다. 자기 인식은 변화의 첫걸음이다. 자신의 행동을 돌아보고 개선하려는 자기 변화는 조직의 협력을 이끌어내는 기초가 된다.

불평불만도 습관이다

불평불만은 주로 피해의식에서 비롯된다. 자신이 항상 옳다고 주장하는 사람들은 문제가 생겼을 때 남을 원망하는 모습을 자주 보인다. 이는 몇 가지 심리적 기제로 설명될 수 있다. 첫째, 문제의 원인을 타인에게 돌림으로써 자신을 보호하려고 한다. 둘째, 타인을 비난함으로써 자존감을 지키려고 한다. 셋째, 스스로를 피해자로 여기고, 남을 원망하면서 자기 자신을 보호하려고 한다. 이러한 사람들은 타인의 지적을 잘 받아들이지 않으며, 상황을 왜곡해 불평불만 하는 경우가 많다.

불평불만은 질투심에서 비롯된 비난일 때도 있다. 특히 직장에서 두드러지는 현상이며, 상사나 동료의 성공을 질투해 감정을 부정적으로 표출하는 것이다. 또 다른 얼굴의 불평불만도 있다. 자신의 단점을 다른 사람에게서 발견할 때 그 사람에게 화를 내는 경우다. 이를 심리용어로 '투영'이라고 한다. 인정하고 싶지 않은 자신의 모습을 다른 사람에게서 발견하면, 자신의 단점을 그 사람에게 전가해 극심한 불만을 쏟아내는 심리적 현상이다. 상대방에게 쏟아내는 불평불만이 사실은 자신에게 화를 내는 것이다.

사람은 이렇게 각자의 사정으로 마음이 아프다. 우리가 주의해야 할 점은, 무의식적으로 자주 하는 말이나 행동이 습관이 된다는 사실이다. 습관을 고치기 위해서는 먼저 마음을 고치고 행동을 살펴야 한다. 타인을 비난하고 싶어질 때는 내가 오해하고 있는 것은 아닌지 한 번 더 생각해봐야 한다. 한없이 좁아진 시야로 무심코 퍼붓고 나면 그것이 사실이 아닐 때가 많다. 나의 추측이 항상 옳다고 여기는 것은 오만이다.

"그런 사람들은 종종 그럴듯한 핑계를 만들어 자신의 행동을 정당화하거나,

만만한 희생양을 찾아 비난의 화살을 돌린다."

– '로버트 그린(Robert Greene)의 《인간 본성의 법칙》中 –

감정의 뿌리를 찾아주는 책 《인간 본성의 법칙》을 읽다 보면, 상대를 가리키던 비난의 손가락이 나도 모르게 자신을 향한다. 정도의 차이만 있을 뿐, 남을 탓하는 모습은 모든 사람이 가지고 있다. 자신을 보호하려는 본능은 누구에게나 있는 것이니 말이다. 하지만 항상, 언제나, 어떤 경우에서든, 자신은 옳고 남 탓만 하는 자세를 사람들이 좋아할 리 없다.

이제 대화를 나눌 때 남 탓과 핑계를 줄이는 노력을 해보자. 불평과 문제만 지적하는 무책임한 투덜이는 되지 말자. 상대방의 입장을 이해하고, 자신에게도 책임이 있다는 것을 인정하는 것에서부터 '신뢰'는 싹트기 시작한다.

모두에게 100점 맞으려는
욕심을 버려라

'착하다'는 말이 우리나라에만 있다는 사실에 의아하다. 한문에는 호인(好人)이나 선할 선(善)이 있고, 영어에는 'a good man' 또는 'kindness' 등이 있지만 우리가 말하는 '착하다'와는 뉘앙스가 다르다. 우리는 분명 "어이구 착해라" 하는 칭찬을 들으며 자랐다. 설날 세배를 하면 "새해에도 건강하고 착한 어린이가 되어라" 하는 덕담을 들으며 성장했다. 그런데 요즘은 '착하다'라는 칭찬을 들으면 뒤돌아서서 칭찬인지 욕인지 다시 생각해봐야 하는 것이 현실이다.

실제로 다양한 인간관계를 맺다 보면 '세상 착하게 살면 안 된다'라는 말에 동의할 때가 있다. 잘해주면 더 잘해주는 인격자와는 달리, 잘해줄수록 무례하거나 도를 넘는 사람들 때문이다. 착한 것은 약한 것이 아니다. 당신이 착하다고 해서, 함부로 해도 된다는 인상을 줘서는 안 된다. 좋은 사람인 동시에 힘 있고 함부로 대할 수 없는 사람이어야 한다. 그래야 서로를 존중하며 건강한 인간관계를 유지할 수 있다. 다음의 3가지를 기억한다면 당신도 '착한 거인'이 될 수 있다.

'착한 사람 콤플렉스'에서 벗어나라

'착한 사람 콤플렉스'란 어른들 말을 잘 들어야 '착한 사람'이라는 생각이 강박관념이 되어버린 증상이다. 이러한 특성은 성인이 되어서도 나타나는데, 착한 사람이 되면 모두에게 환영받을 거라고 생각하는 특징이 있다. 그리고 좋은 사람이라는 이미지를 유지하기 위해 노력한다. 자신의 욕구를 억누르고, 양보를 잘하며, 배려심이 지나치다. 하지만 이들의 착한 마음에 감동하는 사람은 많지 않다.

착한 사람 콤플렉스의 가장 큰 특징은 거절을 못한다는 점이다. 내가 거절하면 상대방이 받을 상처부터 걱정한다. 좋은 관계가 깨질 수도 있다는 두려움에 거절하지 못하고 모든 부탁을 들어준다. 이런 경우 처음에는 상대가 나를 좋은 사람이라고 생각할지 모른다. 하지만 이런 일이 반복되면 상대방은 나를 무리한 부탁도 무조건 들어주는 만만한 사람으로 여긴다.

'거절하는 용기'가 심리학의 화두로 떠오르면서 하루 종일 감정 노동에 시달리는 직장인에게 위로와 용기를 주고 있다. 하지만 저 말만 믿고 거절했다가 인간관계에서 돌아올 수 없는 강을 건너는 사람도 있다. 예를 들어 "안 됩니다"라고 싹둑 잘라버리면 거절이 아닌 무례함이 되는 것이다. 거절에도 지혜가 필요하다. 그리고 정중해야 한다. 과도한 부탁을 하는 동료에게 "지금은 입장이 이러하니 미안해요"라고 웃으며 말하는 용기부터 내보기를 바란다. 사람들은 싫은 내색도 못하고 다 들어준다고 해서 무조건 감동하지 않는다. 지금 상황에서 도와줄 수 있는 적정선을 지키고, 가능할 때는 꼭 도와주겠다고 하는 배려에 오히려 더 고마워한다.

호의가 반복되면 권리인 줄 안다

마음이 맞아서 김치를 몇 번 담가 줬더니 김치 떨어졌다고 전화가 왔더라는 실화가 있다. 기분이 상해서 김치를 주는 것을 중단했고, 두 사람은 원수가 됐다고 한다. 이처럼 직장에서도 착하고 친절한 사람이 무례한 사람에 의해 상처받는 일이 얼마든지 일어난다. 물론 선함의 가치를 인정하고 더 존중해주는 사람도 있다. 문제는 호의를 호구로 아는 사람이다. 이들은 아홉 번을 잘해줘도 한 번의 부족함이 당신의 전부인 양 평가한다. 선하고 배려심 많은 사람이 좋은 관계를 유지하려다 결국 지치고 상처받는 이유다. 그러나 아무리 무례한 사람도 강한 상대 앞에서는 누구보다 겸손하다. 즉 누울 자리를 보고 다리를 뻗는 원리다.

오래전 일이다. 그 당시 집 근처에 세탁소가 멀어서 세탁물을 회사 옆 세탁소에 맡기고는 했다. 어느 날 점심시간에 나가면서 세탁물 가방을 챙기는데, 사무실 구석에 오랫동안 걸려 있던 선배의 검정 코트가 눈에 들어왔다.

"선배님, 겨울에 입으셨던 코트 드라이클리닝 하실 거면 세탁소에 맡겨드릴까요? 저 어차피 세탁소 가는 길입니다. 대신 찾을 때는 선배님이 찾으세요."

선배는 잘됐다는 듯 고마워했고, 나도 코트 어깨에 먼지가 뽀얗게 쌓이도록 방치된 것이 거슬리던 차에 개운했다. 그런데 다음 날 생각지도 못한 일이 벌어졌다. 점심시간에 식사하러 나가는데 선배가 나를 부르더니 무슨 가방을 내밀었다. 세탁물이 있어서 출근할 때 가지고 나왔다는 것이다. 아! 호의가 반복되면 권리인 줄 안다고 했던가!

"선배님, 코트도 찾으셔야 하니 코트 찾으면서 맡기시는 게 어떨까요?"라고 정중하게 대답했다. 선배도 순간 자신의 실수를 감지한 듯했다. "아참, 코트도 찾아야 되지? 은대리 미안!"

이 일화는 내게 2가지를 일깨워줬다. 하나는 상대가 선을 넘는 이유가 어쩌면 나의 지나친 배려 때문일 수도 있다는 것, 또 하나는 선을 넘으려고 하는 상대가 더 큰 실수를 하지 않도록 정중하게 브레이크를 걸어줄 수 있어야 한다는 것이다. 그 사람도 미처 생각을 못해서 본의 아니게 그럴 수 있기 때문이다. 하지만 계속 선을 넘도록 허용한다면 상대방은 나의 호의를 권리인 줄 착각하게 되고, 당신은 결국 지치게 된다. 상대가 더 큰 실수를 하지 않도록 정중하게 알려주는 지혜는 상대방이 본의 아니게 나쁜 캐릭터가 되지 않도록 도와주는 것이다.

당신을 좋아하고 인정하는 사람에게 집중하라

선한 인상을 가지고 있지만 기준이 확실한 사람 하면 국민 MC 유재석 씨가 떠오른다. 그의 명언 중, 어느 방송에서 했던 말이 중요한 깨달음을 줬던 기억이 난다. 과거 매니저 형님이 자신에게 타박하기를 "너는 다 좋은데 카리스마가 없어. 누구누구처럼 너도 좀 카리스마를 가져"라는 말을 했다고 털어놓았다. 거기에 유재석은 "굳이 갖고 싶지 않았다. 주변에서 그런 얘기를 하면 '아! 맞아. 난 이게 부족해'라고 생각해서 내가 가진 많은 장점들을 놔두고 또 다른 것들을 찾아서 나를 괴롭힌다. 나 스스로 자존감을 떨어뜨리는 아주 최악의 길이라고 생각한다"라고 고백했다.

이처럼 우리는 여러 가지 장점을 가지고 있음에도, 누군가가 "넌 이런 점이 부족해"라고 지적하면 그 단점 한 가지가 비수가 되어 가슴에 꽂히고, 자책에 빠진다. 하지만 유재석은 말과 행동에 주저함이 없다. 유재석에게 카리스마가 없다고 해서 유재석을 약하다고 생각하는 사람은 거의 없을 것이다. 착하지만 강한 인상을 주는 사람은 이렇게 소신 있고 자신만의 기준이 명확하다.

직장에서의 인간관계도 이와 다르지 않다. 나를 인정하고 좋아하는 사람들을 두고, 나를 싫어하는 사람에게 감정을 소모하는 것은 최악의 낭비다. 우리는 누구나 모든 사람에게 인정받기를 원하지만 그것은 불가능하다. 나도 누군가를 싫어할 수 있듯이, 남도 나를 싫어할 권리가 있음을 인정해야 한다. 중요한 것은 나를 지지하고 응원해주는 사람들과의 관계를 잘 유지하는 것이다. 나의 진가를 알아주는 이들에게 에너지를 투자하는 것이 정신건강에도 이롭다. 또한 나를 싫어하거나 비판적인 사람들의 말에 집착하지 않는 마음가짐이 필요하다. 그들의 비판이 도움이 된다면 취할 점은 취하고, 그렇지 않을 경우 적절히 걸러내는 용기가 필요하다. 모든 사람에게 좋은 평가를 받으려는 노력은 오히려 나를 지치게 한다.

마무리하며, 과거 한 선배의 질투와 모함이 장기화되어 괴로웠을 때, 큰 힘이 되어주신 멘토 H회장님의 말씀을 실어본다. 여러분의 인간관계에도 도움이 되기를 바라는 마음이다.

"대통령이 국민 욕하는 거 봤느냐, 국민이 대통령 욕하는 법이다.
자네가 예의를 갖춰도 질투가 끝나지 않는다면 그건 자네의 영역이 아니다.
그 사람에겐 기본적인 예의만 갖추고, 자네를 좋아하고 인정해주는 사람들에게
잘해줘라. 모든 사람과 다 잘 지내려는 마음은 욕심이다."

시기 질투로 회사생활이
힘들어질 때

신입사원의 대부분은 '열심히 해서 칭찬 받아야지'라는 막연한 포부를 갖고 입사한다. 하지만 직장생활을 하다 보면 일보다 인간관계에서 뜻하지 않은 문제가 찾아온다. 그중 가장 괴로운 것은 누군가가 나를 싫어하고 질투할 때다. 질투의 신호는 다양하게 나타난다. 이유 없이 모함을 하거나 은근히 깎아내리고, 좋은 일에 축하하는커녕 뭔가 불편해 보인다면 상대는 당신을 질투하고 있을 가능성이 높다.

29년 경력의 세일즈 전문가이자, 유튜브 채널 '세일즈명인TV'를 운영하고 있는 용쌤은 "시기와 질투는 다른 사람이 잘되거나 좋은 처지에 있는 것을 깎아내리거나 미워하는 감정이다. 남다르게 뭔가 성과를 낸다는 것은 분명히 남다른 이유가 있는 것이다. 그 노력과 땀의 성과를 폄하하고 시기 질투하는 사람들은 보통의 평범한 사람들이고, 반대로 당신의 노력을 아낌없이 칭찬해주고 인정해주고 박수쳐주는 사람들은 비범한 사람들이다"라고 이야기했다.

상대의 공로를 폄하하고 질투하는 사람은 평범한 사람이고, 성과를 인정할 줄 아는 사람은 비범한 사람이라는 용쌤의 말이 인상적이다. 즉, 시기와 질투는 인류의 역사와 함께 지금까지 현존하는 인간의 보편적인 감정이라는 것이다. 그렇다. 시기 질투를 받는 것도 괴롭지만, 질투를 한 번도 해보지 않은 사람도 없을 것이다.

사람은 누구나 자신보다 우월한 상대에게 시샘하는 마음을 갖는다. 직장에서도 자기가 인정받고 평가의 우위에 서려는 경쟁심으로 인해 질투가 난무한다. 하지만 질투심이 지나치면 조직의 기강을 헤치고 전체적인 분위기를 흐린다. 이들은 남의 성과를 비하하는 것은 물론, 남의 공을 가로채기도 한다. 심지어 자신을 피해자 입장으로 포장해, 직장 내 반대 세력을 형성하며 자신의 열등감을 합리화한다.

나도 한때 선배의 시기심 때문에 감당하기 힘든 불편함을 경험했다. 대선배인데다가 위치적인 영향력이 있다 보니 그분의 미움은 단순한 문제가 아니었다. 지금 그때를 회상하면 드는 생각은 딱 하나다. "그때 왜 그렇게까지 고민을 했지? 형식적인 예의만 갖추고 일이나 열심히 할걸…" 하지만 모든 직장인들이 그렇듯 나 또한 결코 선배의 존재를 무시할 수 없는 것이 현실이었다.

내가 최연소 팀장으로 승진했을 때다. 서로가 은근히 경쟁구도에 있긴

했지만 언니, 오빠뻘 되는 선배 팀장들이 고마울 정도로 축하해줬다. 그런데 딱 한 사람이 신경 쓰였다. 바로 수석팀장이었다. 축하는커녕 잠깐이라도 스치면 어딘가 의도적인 싸늘함이 역력하게 느껴졌다.

팀장으로 진급하고 나니 대표님과의 모임 및 식사가 자주 있었다. 어느 날 팀장 모임에서 나는 이상한 말을 들었다. 수석팀장이 내 험담을 하고 다니니 참고하라는 것이다. 이상한 일은 그뿐이 아니었다. 대표님이 확인할 것이 있다면서 전화를 하셨다. "은팀장이 이번 모임에서 이러한 이야기를 했다는 말이 들리던데 사실이냐?"라고 물으셨다. 너무 뜬금없는 이야기라서 당황스러웠지만 최대한 침착하게 사실이 아니라고 대답했다. 내용이 너무 사실적이다 보니 대표님이 그 말을 믿을까 봐 주말 내내 걱정했던 기억이 지금도 생생하다.

비슷한 확인 전화는 그 이후로도 몇 번 더 걸려왔다. 그 말을 누가 했는지 알려달라는 나의 요청에 대표님은 한결 같이 함구하셨다. 그런데 어느 날 모든 사실을 알려주셨다. 그 사람이 바로 수석팀장이라고….

대표님께서 어딘가 이상함을 감지하고 수석팀장을 밖으로 불러내 조용히 물어봤더니 펑펑 울면서 고백했다고 한다. 대표님이 은팀장을 칭찬할 때마다 질투가 났다고…, 대표님이 공식적인 자리에서 은팀장을 추켜세워줄 때마다 수석팀장인 자기 체면이 말이 아니라고…. '아! 그렇게 위풍당당해 보였던 수석팀장에게 이렇게 소심한 면이 있었다니!' 질투심과 열등감이 얼마나 무서운 것인지를 실감하는 한편, 웃어야 될지 울어야 될지 모르는 허탈함에 만감이 교차하는 순간이었다.

질투하는 상사, 동료 때문에 힘들어질 때

대놓고 빈정거리거나 비꼬는 공격도 괴롭지만, 뒤에서 모함하는 것 역시 충격적인 일이다. 그러나 이에 감정적으로 대응하면 상황이 악화될 수 있다. 감정을 조절하고 냉정하게 상황을 파악해야 한다. 질투하는 동료가 나에게 불합리한 상황을 만들 때는 어떻게 대처해야 할까? 이제부터 소개하는 방법을 이용해 질투로 인한 갈등을 최소화하기를 바란다.

1. 사실 확인

가능하다면 소문의 내용과 출처를 정확하게 확인한다. 헛소문일 수도 있고, 오해가 있을 수도 있다. 섣불리 분노하면, 나의 태도가 문제가 되어 오히려 수습이 어려워질 수 있다.

2. 자신을 돌아보기

상황을 객관적으로 파악하고, 혹시 자신이 무언가 잘못한 것은 없는지 돌아볼 필요가 있다. 때로는 자신의 행동이나 말이 오해를 불러일으킬 수 있기 때문이다.

3. 직접적인 대화

뒤에서 내 험담을 하는 사람과 조용히 대화를 요청해본다. 상대가 상사라면 직접적으로 험담에 대해 아는 척하기보다는 최근 자신의 업무평가에 대해 상담을 요청하는 방식으로 접근하는 것도 방법이다. 예를 들면 "최근 제 업무에 대해 개선할 점이 있는지 조언을 구하고 싶습니다"

라는 식으로 대화를 시작하는 것이다. 험담에 관한 이야기가 나오더라도 할 말은 하되, 감정 조절과 예의를 유지하는 것이 정말 중요하다. 감정이 폭발해서, 따지듯이 이야기하면 질투와 험담에 관한 해결과는 멀어지고, 당신의 불손한 태도가 논쟁의 주제가 되어 오히려 불리해진다.

상대가 동료라면 그의 행동이 당신에게 어떤 영향을 미치는지 설명하고, 왜 그런 행동을 하는지 물어보자. 험담한 적 없다고 극구 부인한다면, 또 그럴지언정 '믿는다'는 태도로 인정해주는 것도 지혜다. 이때 차분하고, 담담한 태도를 유지하는 것이 중요하다.

4. 휘둘리지 않는 멘탈

직장에서 질투의 대상이 되어 스트레스를 받고 있다면, 당신은 그만큼 많은 관심과 기대를 받고 있다는 것이다. 부러울 것 없는 사람에게 시기심을 가질 리 없으니 나쁘게만 생각할 일도 아니다. 내게 당장 필요한 것은 남에게 휘둘리지 않는 멘탈이다. 나를 깎아내릴 때마다 영향을 받는다면 너무 많은 에너지가 소모된다. 대화로도 해결되지 않는 시기심은 그 사람 내면의 문제니, 기본적인 예의만 갖추고 나의 성장에 힘쓰자.

5. 질투를 유발하는 말과 행동 삼가기

당신에게 쏠린 관심과 기대가 커질수록 겸손해질 필요가 있다. 무조건 낮추라는 것이 아니다. 질투심 많은 동료를 자극하는 말은 삼가라는 이야기다. 질투할 마음은 없었는데 말과 행동이 밉상이면 축하할 마음이 사라진다. 반면 질투를 날려버리는 사람도 있다. 예를 들어, 친구가 집을 사서 배 아픈 친구에게 "이 집 은행 거야. 내 돈 주고 산 건 화장실밖에 없어. 그래서 화장실에 앉아 있을 때가 제일 편해"라고 말하면 아픈 배가 싹 낫는다. 재치 있고, 겸손한 답변으로 배 아픈 동료의 질투를 날려버리자.

동료, 후배에게 질투를 느껴 힘들어질 때

우리는 누구나 남을 부러워하거나 질투하지만 질투라고 인정하기는 싫어한다. 질투라는 감정이 부정적으로 인식되기 때문이기도 하고, 자신의 속 좁음과 초라함을 들키고 싶지 않기 때문이기도 하다. 먼저 자신이 거슬리는 상대에게 어떤 감정을 느끼는지 객관적으로 살펴야 한다. 왜 나는 그 사람에게만 칭찬에 인색해지는지, 그 이유는 무엇인지, 나의 마음부터 알아야 한다. 그리고 어떤 요소들이 부러운 것인지 정확히 파악하는 것이 중요하다.

질투하는 마음에는 자신의 부족한 점을 인정하고 싶지 않은 열등감이 숨어 있다. 내 안에 감춰진 감정을 직시하면 그 사람에 대한 자신의 왜곡된 심리를 발견할 수 있고, 반복되는 갈등을 멈추는 해답을 얻게 된다. 그러나 때로는 시기와 질투심을 부정적으로만 받아들일 것도 아니다. 동료의 장점을 본받고 자신의 실력을 재정비해서 스타로 거듭나는 일잘러도 많다. 질투심의 고통을 더 나은 성과를 내기 위한 동기부여로 전환하라. 질투는 프로 일잘러가 되기 위한 성장통이라고도 할 수 있다.

결론적으로 일터에서 느끼는 시기와 질투심은 자연스러운 감정이다. 하지만 이를 잘 관리하고 긍정적인 방향으로 전환하는 것이 중요하다.

질투심에 매몰되지 않기 위해 자신의 마음을 정확하게 분석해서 자기 발전의 동력으로 삼아야 한다. 이렇게 하면 질투심은 더 이상 부정적인 감정이 아니다. 시기와 질투심을 유익한 자극으로 승화시켜 건강한 직장 문화에 기여하고, 자신의 성장에 원동력으로 사용하기를 바란다.

알아두면 쓸모 있는
직장생활의 법칙

신입사원이라면 누구나 품고 있지만, 어디에도 묻지 못하는 사소한 궁금증들이 있다. 상사와 차를 탈 때는 어디에 앉아야 할까? 부장님 앞에서는 대리님의 호칭을 낮춰야 할까? 퇴근은 도대체 언제, 어떻게 해야 적절한 것일까? 등등. 이번 챕터에서는 이런 사소하지만 골치 아픈 직장생활의 궁금증에 관해 시원한 답변을 내보고자 한다.

조수석 뒷자리가 무조건 상석인가요?

사회초년생 시절, 나는 무조건 조수석에 앉으면 되는 줄 알았다. 하지만 선배들은 나를 그때마다 다른 자리에 앉히고는 했다. 무엇이 기준이고 어떻게 달라지는지를 알지 못했던 나는 여럿이 이동할 때마다 은근히 자리 고민에 신경이 쓰였다. 직장상사나 윗사람을 상석으로 배석하는 것은 직장생활에서 꼭 챙겨야 하는 부분이다. 이를 챙기지 않으면 윗사람은 마음이 상할 수도 있다. 지금부터 장소와 상황에 따라 달라지는 상석에 관해 함께 알아보자.

스크린이 있는 회의실에서는 화면이 가장 잘 보이는 자리가 상석이다. 바깥 경치가 보이는 방에서 회식을 한다면? 경치가 가장 잘 보이는 자리가 상석이다. 엘리베이터에도 상석이 있다. 버튼을 누르고, 타고 내리는 사람들에게 영향을 가장 덜 받는 조작 버튼 대각선 안쪽이 상석이다. 자동차의 상석은 상황에 따라 달라진다. 4명이 탈 경우, 조수석 뒷자리가 상석이다. 만약 뒷자리에 3명이 앉아야 한다면, 조수석이 상석이 된다. 최상급자가 직접 운전하는 차를 탈 때는 어디가 상석일까? 바로 조수석이 상석이다. 방을 사용할 때는 일반적으로 안쪽 자리의 중앙을 상석으로 배정한다. 상사가 조금 늦는다고 해서 입구쪽 자리를 비워 두면 안 된다. 개인적으로 아무리 친해도 상사는 친구가 아니다. 이처럼 상황별로 상석을 알고 존중을 표현하는 것은, 중요한 예의이자 배려다.

부장님 앞에서 대리님은 낮춰 불러야 하나요?

상급자에게 차상급자를 올려서 말하자니 상급자에게 미안하고, 낮춰서 말하자니 차상급자한테 미안했던 경험이 한 번쯤 있을 것이다. 서로의 의견이 달라서 혼란스러운 주제고, 실제로 직장에서 실수가 많은 부분이기도 하다.

　많은 사람이 상급자에게 차상급자를 말할 때, 차상급자에 대한 존칭을 쓰지 않고 낮춰 말하는데, 이를 '압존법'이라고 한다. 예를 들어 일반 사원인 내가 부장님에게 대리님의 말을 전할 때 "부장님, 은대리가 외근 중입니다"라고 하는 것이다. 하지만 국립국어원에 따르면 군대에서도 2016년부터 압존법 사용을 폐지하기로 결정한 상태다. 가족이나 사제 간처럼 사적인 관계에서는 일부 적용되고 있지만, 직장에서는 적용하지 않는 것이 맞다. 따라서 "부장님, 은대리님은 외근 중입니다"라고 해야 한다. 주의할 점은 압존법을 피한다고 "부장님, 은대리님께서 외근중이십니다"라고 하는 것은 안 된다. 실제로 직장인들이 흔히 하는 실수이며, 이것은 부장님보다 은대리를 더 높여서 말하는 것이니 주의하자.

상사와의 식사, 부담인가요? 기회인가요?

　신입사원에게 상사와의 식사는 부담스럽기 마련이다. 특히 연배 차이가 큰 상사와의 식사는 더 불편하다. 예의를 지키느라 제대로 먹지도 못하고, 실수할까 봐 긴장하는 경험은 신입사원이라면 누구나 겪는 통과의례다. 그러나 이제부터는 생각을 바꿔보자. 상사도 인간관계의 달인이 아니다. 직원이 너무 어려워하면 상사는 더 불편한 법이다.

　식사가 나올 때까지 무슨 말을 해야 할지 너무 고민하지 않아도 된다. 상사도 썰렁한 침묵을 원치 않는다. 수저를 놓고 물을 따르다 보면 상사가 먼저 무슨 말로든 스몰토크를 건넬 것이다. 예를 들어 "힘들지?", "취미 있어?", "주말엔 뭐 해?" 등. 이때 자연스럽고 솔직하게 자신의 이야기를 하면 된다. 평소 드러낼 기회가 없었던 취미나 관심사를 공유해 상사와 공감대를 형성할 수 있다. 이 자리는 부담인 동시에 상사에게 자신을 알릴 수 있는 좋은 기회다.

식사 자리에서는 보다 캐주얼한 분위기에서 대화할 수 있다. 상사도 후배의 이야기를 듣고 싶어 한다. 상사가 어렵다고 단답형으로 대답만 하지 말고, 살짝 미소 띤 얼굴로 차분하게 이야기하면 된다. 그런 모습이 상사의 눈에 더욱 귀엽게 보이고, 상사가 당신을 편하게 느끼도록 할 것이다.

가장 중요한 것은 식사 시 상사를 대하는 태도다. 상사의 식사 속도에 맞추고, 식당의 서비스를 받을 때는 반드시 상사에게 먼저 하도록 안내한다. 상사가 말할 때 고개를 끄덕이거나 짧은 응답으로 경청하는 자세는 상사에게 신뢰를 준다. 대화 주제를 업무와 관련된 내용으로 적절하게 유지하되, 상사의 취미나 관심사를 알고 있다면 가볍게 터치하는 것도 좋은 방법이다. 업무와 상관없는 가벼운 대화를 통해 상사와 인간적으로 가까워질 수도 있다. 먹는 자리인 만큼 맛집 추천도 좋은 이야기 소재다. 특히 중년의 상사들은 늘 가던 곳만 간다. 회사 근처에 새로 오픈한 음식점을 추천하면서 식사를 하다 보면, 상사는 당신과의 다음 식사가 기다려질 것이다.

감사 인사, 꼭 해야 하나요?

직장생활을 하다 보면 주위 분들에게 크고 작은 도움을 받을 때가 있다. 선배의 도움을 당연히 여기기보다는 진심을 담아 감사를 표현하자. 예를 들어 "바쁘실 텐데 잘 알려주셔서 감사합니다" 또는 "감사합니다, 좋은 성과로 보답하겠습니다." 이런 감사의 한마디에 상대는 보람을 느끼고, 당신을 응원하는 마음이 생긴다. 인간관계가 좋아지는 것이다.

대체로 감사 인사는 늘 하던 사람만 하는 경향이 있다. 물론 인사하지 않는 사람은 표현을 못할 뿐이다. 하지만 표현하지 않으면 모른다. 명절 선물을 받으면 화분에 물을 주다가도 뛰어와 인사하던 직원이 있었다. 인사를 받으려고 한 것은 아니지만, 직원들의 감사에 힘을 내고, 더 주고 싶어지는 것이 사람의 마음이다.

회식 외에도 상사와 개별적으로 식사할 때가 있다. 상사가 개인카드로 계산하든, 법인카드로 계산하든 식사를 공급하신 분에게 감사의 말을 꼭 전하자. 이 간단한 "Thank you" 한마디를 잘 못하는 사람이 우리 한국 사람이다. 이제부터는 작은 일에도 감사의 표현을 잊지 말자.

칼퇴근, 눈치 봐야 하나요?

일명 '칼퇴근'을 원하지 않는 직장인은 없다. 그러나 칼퇴근이 은근히 눈치 보이는 것도 사실이다. 나는 후배들의 정시 퇴근을 존중하고 실제로 시행하고 있다. 이유는 퇴근 후 개인 시간을 중요하게 생각하기 때문이다. 물론 내가 말하는 정시 퇴근이 30분 전부터 퇴근 준비하고, 10분 전부터 시계 보고 있다가 초침 하나 안 틀리게 6시 땡하면 나가는 것은 아니다. 요즘 기업 문화가 MZ세대 중심으로 바뀌어가는 과도기에 있지만, 아직은 상급자들에게 정시 퇴근이 정서적으로 익숙한 시대는 아니다. 나는 후배들에게 딱 3분만 쓰라고 하고 싶다. 예전에 6시 정각에 퇴근하는 다른 직원들과 달리, 단 1명이 천천히 가방 챙기고 여유 있게 인사하며 퇴근하는 직원이 있었다. 그가 투자한 시간은 고작 3분이었다. 3분이란 시간으로 애사심과 예의가 돋보일 수 있다는 것은 지금 생각해도 신기하다. 다른 직원들이 먼저 타고 내려간 엘리베이터를 기다렸다가 퇴근하던 그의 모습이 지금도 눈에 선하다.

중요한 것은 누구는 정시에 칼같이 퇴근하면서 인정받고, 누구는 야근하면서도 인정을 못 받는다는 사실이다. 바꿔 말하면 칼퇴근도 자기하기 나름이라는 것이다. 단지 상사의 눈치 때문에 칼퇴근을 하니 못 하니를 말하는 것이 아니다(아침에 지각하고, 업무시간은 대충 보내고, 퇴근시간만 칼같이 지키는 사람도 있지만, 여기에서는 언급하지 않겠다).

당당한 칼퇴근을 원한다면, 칼같이 퇴근하면서도 인정받는 사람들의 특징부터 알아야 한다. 이들은 업무시간을 쓰는 밀도가 다르다. 앞 장에서 다루었던 일의 '우선순위'를 알고 시간을 다스리는 사람들이다. 기술적으로 시간 내에 업무를 깔끔하게 마무리하고 퇴근하는데 누가 뭐라고 하겠는가!

반면 자율적인 상황에서도 야근을 반복하는 사람이 있다(엑셀 연습이나 상사의 지시, 오늘 꼭 마무리해야 하는 작업 때문에 주어진 업무시간이 모자란 열정파들의 야근은 제외한다). 타고난 성품이 원래 느긋한 사람도 있고, 일을 착수하려면 뜸을 들여야 일이 되는 사람도 있다. 머리로만 구상하다가 저녁에 혼자 남아야 집중할 수 있으니 자신도 어찌할 수 없는 그들만의 특징이다. 여기에서 내가 말하고 싶은 타입은 일의 '우선순위'를 몰라서 야근하는 사람이다. 일의 우선순위를 모르면 네 번째 영역(중요하지도, 긴급하지도 않은 일)에 많은 시간을 빼앗기고, 늘 시간이 부족하다. 이들에게는 우선순위 중 1순위인 '긴급하고 중요한 일'부터 처리하는 업무 습관과 노력이 필요하다.

정시 퇴근은 워라밸 향상을 위한 첫 번째 조건이다. 정시 퇴근이 보장되면 취미생활이나 여가 시간을 더 많이 가질 수 있다. 그러나 업무 마무리가 덜 된 상태에서 퇴근을 준비하는 직원에게는 좋지 않은 평가가 있을 수 있다. 다시 말하지만, 정시 퇴근도 자기 하기 나름이다. 주어진 업무 시간을 밀도 있게 쓰고, 퇴근 후에는 꼭 워라밸을 챙기기 바란다.

상사는 경계의 대상이 아닌 동반자다

상사들은 대부분 자신이 부하직원에게 좋은 상사일 거라 착각한다. 하지만 그것은 좋은 상사가 되고 싶은 바람일 뿐, 부하직원의 입장에서 좋은 상사는 드물다. 그리고 여러 가지 이유로 부하직원은 상사에게 다가가기를 싫어한다.

"지적하는 게 무서워요."
"선배의 말이 기분 나빠요."

이 외에도 이유는 다양하다. 상사에게 문제가 없다 하더라도 상사를 멀리하려는 것은 직원들의 본능이다. 특히 신입사원들은 혼날까 봐 두렵고, 상사를 대하는 말투도 어색하고, 아직은 뭐가 잘잘못인지 구분이 안되는 등의 이유로 상사가 더 불편할 수 있다. 상사가 불편한 존재라고 해

서 나쁜 존재는 아니다. 조직의 성과 때문에 겉으로는 야단을 치지만 속
내는 측은지심과 애정이 있다. 상사와 팀원과의 관계는 함께 만들어가는
것이다. 내가 어떤 부하직원이냐에 따라 상사는 천국을 맛보기도, 지옥
을 맛보기도 한다.

가끔은 상사의 입장에서 생각해보자

사회초년생 시절 나도 상사 때문에 힘들었다. 지금 생각해보면 그들
도 어렸고, 상사라고 해서 모든 답을 알고 있는 완벽한 존재도 아니었다.
나는 직속 상사인 선배와 가장 많이 접촉했다. 좋은 분인 것은 알겠는데,
매사에 간섭하고 지적하는 것이 피곤했다. 잘한 것은 당연히 여기고, 지
적할 거리는 용하게 찾아낸다고 생각했다. 그러던 어느 날 화장실에서
그 선배가 울고 있는 모습을 봤다. 나는 너무 당황스러워 '아는 척을 해
야 하나?' 순간 고민했다. 그래도 용기를 내 기어들어가는 목소리로 여쭤
봤다.

"왜 우세요⋯?"
"아냐 괜찮아, 자기도 많이 힘들지?"

코가 맹맹해져서 빨개진 눈을 훔치는 선배를 보는 순간 눈물이 왈칵
쏟아졌다. 그날 선배와 나는 부둥켜안고 한참을 울었다. 나만 힘들다고
생각했는데, '선배는 나보다 더 힘들구나'라고 생각하니 미안함이 밀려왔

다. 대부분의 실무를 그 선배가 도맡아 하느라 늘 바쁘다는 것을 알고 있었다. 내가 너무 뒷받침을 못 해준 것이 아닌가 하는 생각에 정신이 번쩍 들었다.

선배의 눈물을 본 후로는 예전에는 보이지 않던 것들이 보이기 시작했다. 선배에게도 상사가 있었고, 후배를 가르쳐야 했고, 많은 스트레스와 어려움이 있었다. 그분의 상사인 팀장한테 자주 혼나는 것도 알게 됐다. 내가 2년 차가 됐을 때 선배는 결혼 준비로 퇴사했고, 후배 2명이 들어왔다. 선배를 울렸던 꼰대 팀장이 나의 직속 상사가 되고 말았다. 그리고 나는 후배들을 가르쳐야 했다. 선배의 입장에 서게 됐을 때 나는 비로소 그 선배가 화장실에서 눈물을 흘렸던 이유를 알게 됐다.

상사가 의지하고 찾는 팀원이 되자

직원이라고 해서 보조만 한다는 생각을 버려야 한다. 물론 신입사원 시절에는 시키는 것만 군말 없이 잘해도 훌륭하다. 자잘한 부탁도 들어주고 싹싹하면 더할 나위 없다. 하지만 돌아가는 상황을 어느 정도 알고 나면 상사의 심리를 파악하는 것이 중요하다. 상사 입장에서는 직원이 시키는 일도 잘하고, 생각이 있으면 더 좋아한다. 예를 들어 "어떻게 할까요?"를 입에 달고 사는 팀원은 결정된 사항에 시키는 것만 하겠다는 직원처럼 느껴진다. 반면 "팀장님, 이런 방법이 있는데 어떠세요?" 또는 "제가 알아보니까 A안은 이렇고요, B안은 이렇습니다. 저는 이 부분 때문에 A안이 더 적합해 보이는데 팀장님 생각은 어떠세요?"라고 물어본다면 상사는 생각을 많이 하는 이 직원이 믿음직스럽게 느껴진다. 설령 상사가 B를 선택한다 해도 생각이 있는 직원과 함께하고 싶은 마음이 생기는 것은 당연하다.

당신의 직장이 중소기업이라면 팀장과 일하되 대표의 생각을 알면 답이 보인다. 중소기업의 대표는 항상 믿을 수 있는 인재에 목마르다. 아직은 직접 발로 뛰면서 회사를 이끌어가는 상황에서 경제력이나 인력에 여러 가지 한계가 있다. 회사가 제대로 성장하려면 가족이나 친인척이 아닌 능력 있는 인재가 와야 하는데, 그중 정말 필요한 인재가 '믿을 수 있는 사람'이다. 예를 들어 사소한 것이라도 회사 비용을 아끼려는 모습, 말한마디라도 애사심이 묻어나고 고뇌하는 오너의 심정을 헤아려주는 모습, 회사가 어려운데도 안 떠나고 최선을 다하는 모습 등이다. 중소기업에 다니고 있고, 업무 능력에 자신이 있다면 한 가지 더, 믿을 수 있는 사람이 되는 노력을 해보기를 바란다.

상사와의 점심시간도 중요하다. 상사가 가자고 하는 음식점으로 가는 것이 일반적이고, 비슷한 가격이거나 더치페이라면 메뉴는 자율적으로 고르면 된다. 중요한 것은 상사가 "점심 뭐 먹을까?" 하고 물어볼 때다. 이럴 때 메뉴를 선정하는 것도 센스다. 무조건 "팀장님 드시고 싶은 걸로 먹을게요"는 상사가 바라는 대답이 아니다. 상사는 매일 먹는 점심 메뉴 결정하는 것도 피곤할 수 있다. 때로는 세상 돌아가는 것에 밝은 후배가 권유하는 메뉴도 먹어보고 싶다. "어디에 이런 집이 생겼는데요, 친구랑 가보니까 괜찮아요. 한번 가보시겠어요?"라고 권유해도 되고, 이렇게 바로 말하는 것이 힘들다면 "혹시 생각하는 메뉴 있으세요?"라고 물어본 뒤에 평소 생각해놓은 음식점으로 안내하는 것도 방법이다. "아무거나요"는 성의 없는 대답이다. 결국 상사한테 정하라는 이야기고, 상사와의 식사를 별 의미 없이 따라오는 의무사항쯤으로 여기는 모습으로 보일 수 있다. 점심 식사도 인간관계의 일부라는 점이 신경 쓰여서 패스트푸드로 대체하는 직원이 늘고 있지만, 이왕이면 상사도 즐겁고, 나도 즐거운 점심 식사를 만드는 데 앞장서보자.

상사가 되면 알게 된다

사석에서 상사를 좋게 말하는 직원은 별로 없는 듯하다. 모두가 상사 때문에 힘들다고 한다. 하지만 사실은 반대일 수 있다. 인간관계의 난이도로 봤을 때, 상사에 대한 팀원의 고민보다 팀원에 대한 상사의 고민이 더 큰 경우가 많다.

'괜히 얘기했다가 꼰대 소리 듣는 거 아닐까?' 상사들이 하루에도 몇 번씩 하는 고민이다. 요즘 상사들은 후배들이 실수하거나 예의를 지키지 않는 것이 눈에 보여도 일일이 지적하기를 망설인다. "이번 한 번뿐일 거야", "앞으로 고쳐지겠지", "다음에 또 그러면 그때 얘기하자" 하면서 계속 미룬다. 내 말이 꼰대의 잔소리로 들리는 것이 싫고, 고쳐지지도 않으면서 관계만 껄끄러워지는 것이 싫기 때문이다. 최근 심리상담센터를 찾는 내담자 중에는 직원 관리가 너무 힘들다고 찾아오는 팀장들이 부쩍

늘었다고 한다. 이렇게 상사는 상사대로 고충이 있다.

직원들을 힘들게 하는 원인은 주로 상사의 성향과 표현 방식이다. 상사가 말을 좀 부드럽게 하면 좋겠지만, 현실은 그렇지 않다. 특히 충고는 받아들이기 쉽지 않다. 누구라도 충고를 좋아하지 않는다. 하지만 충고를 정중히 받아들이고, 인정할 부분을 인정하면 분명히 자신을 발전시킬 수 있다. 오해나 억울한 점이 있더라도, 상사의 말을 무례하게 자르거나 맞받아치지 말자. 진짜 고수는 충고가 타당하든 억울하든 일단은 "죄송합니다" 또는 "좋은 의견 주셔서 감사합니다"라고 말한다. 그 뒤에 "말씀하신 중에 ~한 부분은 ~ 이렇게 된 일입니다"라는 식으로 해명한다. 상식적인 상사라면 오히려 의연한 당신에게 미안해할 것이다. 상사라고 해서 완벽한 존재가 아니다. 상사는 그들의 업무뿐만 아니라 팀원들의 성장을 책임지고 있다. 그들의 스트레스를 이해하고, 가끔은 그들의 관점에서 생각해보자.

상사에게도 칭찬과 격려가 필요하다. 작은 성과라도 인정해주고 감사의 표현을 잊지 말자. 당신도 언젠가 상사가 된다. 상사의 자리에 서면 알게 되는 고충을 미리 이해하고, 상사에게 한 발 더 다가가자.

센스 있는 리액션으로
사교성 높이기

좋아하는 후배에게 '리액션은 생존 처세술'이라고 장난처럼 말해준 적이 있다. 직장에서 자신의 입지를 다지고, 결정적인 순간에 영향력을 발휘하려면, 동료 및 상사와의 원만한 인간관계를 위한 노력이 필수라는 뜻으로 한 말이다. 인간관계에는 업무 실력 외에 성격적인 이미지도 큰 비중을 차지한다. 사람은 보통 상대방이 자신에게 보이는 반응을 통해 그 사람의 성격이나 호감도를 판단한다. 자신의 말이나 성과에 상대방의 호응을 기대하는 것이다. 그리고 이때 중요한 역할을 하는 것이 바로 리액션이다. 하루 종일 함께 생활하는 동료와 선후배도 어떤 의미에서는 가족이다. 가족의 긍정적인 반응에 기분이 좋아지고, 기쁨을 느끼는 것은 인간관계에 플러스로 작용할 수밖에 없다.

한국 사람은 대체로 리액션에 서툴다. 서양 사람들은 목소리 톤과 표정, 몸짓 등으로 격할 만큼 리액션하면서 대화를 나눈다. 그 이유를 언어적 특성에서 살펴보면 표현에 한계가 있는 영어 때문이라는 말이 있다. 언어만으로는 감정 전달이 다 안 되기 때문에 여러 가지 리액션으로 보충하는 것이라고 한다. 반면 우리 한국어는 표현의 한계가 무궁무진하다. 하지만 정서적으로 문화적으로 표현력이 약하고, 무뚝뚝한 편이어서 표현과 리액션을 극도로 아끼는 편이다.

우리가 보통 생각하는 맞장구, 끄덕거림, 감탄사 말고도 리액션은 여러 가지가 있다. 누군가의 말이나 행동에 대한 표현을 감추기보다 겉으로 꺼내서 잘 사용하면 일상 속 이모저모에서 센스로 발휘된다. 직장에서도 적절한 리액션은 상대방과의 관계를 좋게 만들고, 자리를 화기애애하게 만드는 비타민 역할을 한다.

예를 들어, 어제 외근 중에 일어났던 에피소드를 이야기하는 동료에게 이렇게 호응해준다면 동료의 기분은 어떨까?

"와~ 정말 힘들었겠어요."

"정말 좋으시겠어요, 부러워요."

"그래서 어떻게 됐어요? 마무리는 잘된 거예요?"

어제 힘든 일이 있었더라도 위로가 되고, 그런 관심에 고마움을 느낄 것이다. 이렇게 인간관계를 부드럽게 열어주는 리액션에 대해 좀 더 자세히 알아보자.

적극적으로 경청하고 공감하는 리액션은 상대방에게 존중받고 있다는 느낌을 준다. 예를 들어, 동료가 경험을 이야기할 때 관심 없이 대답만 하는 대신, "정말 재미있었겠어요, 다음에는 저도 해보고 싶어요"와 같이 리액션하면 훨씬 더 큰 공감대가 형성된다.

리액션은 타이밍도 중요하다. 팀장이 중요한 정보를 공유할 때, 적절한 타이밍에 고개를 끄덕이거나 "좋은 생각입니다"라고 반응해주면 팀장도 힘이 난다. 또한 긍정적인 리액션은 분위기를 밝게 만든다. "와!", "대단하네요!", "잘하셨어요"와 같은 칭찬은 성취를 인정하는 표현이다. 상대가 윗사람이든 아랫사람이든 리액션은 사기를 높여준다.

비언어적인 리액션 역시 중요하다. 미소 짓고, 놀라고, 감탄하고, 고개를 끄덕이는 리액션은 상대방의 말에 관심을 표현하는 좋은 방법이다. 동료의 아침 인사에도 활짝 웃으며 반응해주면 동료는 당신에게 친근함을 느끼고, 기분 좋게 하루를 시작한다.

칭찬을 받았을 때도 적절한 유머를 섞어 리액션하면 분위기를 화기애애하게 하고, 거리를 좁히는 데 효과적이다. 하지만 농담이나 유머는 과하거나 무례하지 않도록 주의해야 한다.

배우 정우성 씨의 '리액션 모음집'이 생각난다.

"정우성 씨 잘생기셨어요~~."
"알아요."
"정우성 씨! 언제부터 그렇게 잘생기셔서 제 마음에 들어오셨어요?"

"응애~ 할 때부터요."

정우성 씨의 뜻밖의 반응에 팬들은 떠나갈 듯이 환호한다. 잘생겼다고 환호하는 칭찬에 배우가 즉시 이런 반응을 보여주는 것은 드문 장면이다. 오죽하면 〈잘생겼다는 칭찬에 정우성 리액션 모음〉이라는 영상이 있을 정도다. 정우성의 이런 센스 있는 리액션은 조카뻘 되는 팬들까지도 열광하게 했다.

회사에서도 리액션이 필요한 상황은 갑자기 찾아온다. 우연한 곳에서 누군가에게 돌발 칭찬이 훅 들어올 때가 있다. 이럴 때 대부분은 쑥스럽고 당황스러워서 제대로 된 인사 한마디를 못한다. 칭찬한 사람마저 쑥스럽게 만든다. 지나간 후에 아쉬워하는 것보다 센스 있는 리액션으로 즉시 보답했으면 좋았을 텐데 말이다.

갑자기 칭찬받았을 때의 예를 들어보자. 점심시간에 함께 탄 엘리베이터에서 과장님이 아차 대리한테 칭찬을 건넨다.

"아차 대리, 아침에 회의 자료가 아주 깔끔하던데? 많이 준비했나 봐."
아차 대리가 당황해서 겸연쩍어하며 대답한다.
"아! 아휴 아닙니다."
아니라는 말에 과장님은 '빈말이 아닌데' 하며 내심 무안하다.
재치 대리가 점심 식사 후 커피머신 앞에 갔다가 부장님과 마주쳤다.
"재치 대리, 요즘 거래처 응대하는 실력이 보통이 아니던데?"

재치 대리가 밝은 얼굴로 대답한다.

"와! 감사합니다. 부장님께서 잘 가르쳐주신 덕분입니다. 커피 제가 뽑아 드릴게요."

후배나 동료에게 칭찬받았을 때도 마찬가지다. 후배의 칭찬에 으쓱하며 재미있게 반응하는 상사를 보면 뜻밖의 매력에 인간적으로 느껴진다.

드문 경우지만, 상대방의 칭찬이 영혼 없는 칭찬처럼 느껴질 때도 있다. 이럴 때는 반응을 해야 하나 말아야 하나 애매하다. 하지만 이것은 영혼이 없는 것이 아니라 상대방도 칭찬이 서툴러서 그럴 수 있다. 또한 나에게 다가오고 싶다는 신호일 수도 있다. 갑자기 떠오르지 않는다면 환하게 미소 지으며 "감사합니다", "고마워요"라고 인사하자. 가장 좋은 리액션은 웃음이라는 말도 있다.

상사들도 부하직원의 리액션에 어깨가 올라간다. 사무실 내에서뿐 아니라 회식 분위기를 살리는 것도 직원들의 맛깔스러운 리액션이다. 예를 들어, 부장님이 미리 준비라도 한 듯 건배사를 멋지게 끝낸 상황이다. 이때 부장님에게 필요한 것은 열렬한 환호와 칭찬이다.

"우아~, 부장님, 건배사가 너무 멋져요! 갑자기 어떻게 그런 건배사를 생각하셨어요?"

이것이 살짝 아부일지라도, 칭찬할 기회를 놓치지 않는 것도 기술이다. 상사는 좋은 반응에 뿌듯하다. 좋게 반응해준 직원에 대한 느낌도 고

맑게 남는다. 힘찬 건배사의 긍정적인 에너지가 나의 칭찬 리액션을 통해 더욱 화기애애하게 이어진다.

리액션 하면 중년 상사의 아재개그를 빼놓을 수 없다. 요즘은 MZ세대가 진급해서 어느덧 꼰대 아닌 꼰대상사가 되어가는 시대다. 그런데 지금도 아재개그가 살아 있다는 것을 얼마 전 출근길 라디오에서 소개하는 사연을 통해 알게 됐다.

"은대리 신발이 화가 났네?"
"네?"
"아니, 신발끈이 풀려서 신이 발끈하고 있잖아."

"오늘도 썰렁한 아재개그를 장착하고 커피타임에 나타나신 우리 부장님, 정말 어떻게 해야 하나요? 대답 좀 해주세요!"

라디오에서 남녀 두 진행자가 서로 엄청 웃으며 읽어준 사연이다. 중년 상사의 끝도 없는 아재개그를 시리즈로 읽어주는데, 나도 그 부장님의 노력을 상상하니 웃음이 나왔다. 라디오 진행자들은 답변 대신 사연에 올라오는 청취자들의 댓글을 읽어줬다. "그 회사에 놀러가보고 싶어요", "좋으신 분이니 웃어드리세요", "부장님은 후배들에게 친근하게 다가가고 싶은 거예요" 등의 반응이었다. 사연자의 전화가 끊어진 후에도 두 진행자는 "아재개그, 이거 엄청 힘든 거야!"라고 하면서 웃음을 정리하는 데 한참이 걸렸다.

직장생활을 하다 보면 하기 싫어도 해야 하는 일들이 있다. 리액션도 그중에 하나일 수 있다. 상사와 동료와의 관계를 잘 쌓아가기 위한 순간순간의 노력도 내 인생의 소중한 일부분이다. 그리고 다른 사람도 나와 잘 지내기 위해 이런 노력을 하고 있다. 단, 지나친 칭찬이나 영혼 없는 리액션은 역효과를 불러오니 주의해야 한다.

6장

자기계발 최적의
장소는 직장이다

겸손은 득이 될까,
독이 될까?

"우리는 가장 친한 친구의 불행에 일종의 고소한 기쁨도 함께 느낀다."

─프랑수아 드 라 로슈푸코(François de La Rochefoucauld)─

독일의 철학자 아르투어 쇼펜하우어(Arthur Schopenhauer)가 그의 저서
《인생론》 중 '처세론'에서 인간의 본성을 설명하기 위해 인용한 문구다.
바꿔 말하면, 사람들은 친구가 잘나가는 것을 내심 좋아하지 않으니 겸
손하라는 말이다. 이를 뒷받침하는 메시지를 쇼펜하우어는 다음과 같이
이어 나간다.

"자기 재능을 세상 사람들에게 크게 과시하는 것처럼 어리석은 사람
은 없다. 남의 재능을 보면 대다수의 사람들은 칭찬과 격려를 하는 것 같
지만, 속으로는 시기와 질투심에 사로잡힌다. 특히 똑같은 일로 경쟁 관

계에 있는 사람들로부터는 증오나 원한을 사게 된다. 자신의 뛰어난 재능을 과시하는 순간 공격의 표적이 된다는 사실을 잊어서는 안 된다."

겸손이란 뿌리 깊은 유교 사상에서 비롯된 한국인의 민족성인 줄 알았는데 그건 나의 고정관념이었다. 저 멀리 독일에서도 유명한 철학자가 자기를 과시하는 것을 삼가라는 가르침을 주고 있으니 말이다. 성공 마인드의 가장 높은 단계가 '겸손'이라는 말처럼, 겸손하지 못한 사람에게 손을 들어주고 싶은 마음은 누구도 없을 것이다.

겸손함의 장점과 단점

겸손하고 친절한 사람은 생각만 해도 호감이 간다. 인간관계가 중요한 직장생활에서도 겸손은 여러 가지로 득이 되는 장점으로 작용한다. 필자가 생각하는 겸손함의 장점은 다음과 같다.

1. 팀워크 강화 : 겸손한 태도는 그 자체로 호감을 준다. 이는 동료들과의 협업을 효과적으로 만들고, 서로 간의 유대감을 높여준다.
2. 피드백 수용 : 겸손한 사람은 피드백을 잘 받아들이며, 이를 통해 지속적으로 성장하고 발전할 수 있다.
3. 신뢰형성 : 겸손한 태도는 상사와 동료들에게 믿을 수 있는 사람이라는 신뢰를 준다. 신뢰는 모든 인간관계에서 중요한 자산이다.

그러나 겸손의 미덕이 항상 통하는 것은 아니다. 마냥 나를 낮추고 겸손할 수만은 없는 곳이 바로 직장이라는 무대다. "직장에서는 실력이 있어야 겸손도 가능하다. 무조건 낮추는 것은 자기 비하이며, 굽신굽신이다. 실력이 없는 상태에서는 겸손이란 성립될 수가 없다"라고 외치던 유명 사업가의 말에 정신이 번쩍 든다.

직장에서의 겸손이 상황에 따라 단점으로 작용하는 경우는 다음과 같다.

1. 과소평가 위험 : 지나치게 겸손하면 자신의 능력을 과소평가 받을 수 있으며, 중요한 프로젝트나 승진 기회를 놓칠 수 있다.
2. 주도권 상실 : 적극적으로 나서야 할 상황에서도 겸손이 지나치면 주도권을 잃고, 자신의 의견이 무시될 수 있다.
3. 업무 평가 저하 : 겸손한 성격 때문에 자신의 성과를 어필하지 않으면, 조직에서 그 성과를 제대로 인식하지 못할 수 있다.

때로는 겸손보다는 자신감

직업에서의 겸손이 왜 무능의 극치로 해석되는지 이유를 생각해볼 필요가 있다. 우리가 자주 보는 드라마 속 한 장면을 떠올려 보자. 의사가 수술을 마치고 나오고, 노심초사하던 환자의 가족들은 수술을 마치고 나오는 의사의 입만 쳐다보고 있다.

"수술은 잘됐습니다."

자신 있게 확신을 주는 의사의 말을 듣고서야 가족들은 가슴을 쓸어내린다. 그리고 의사가 안 보일 때까지 뒤에서 인사를 한다. 만약 같은 상황에서 의사가 그 흔한 겸손 모드로 말한다면 어떻게 될까?

"제가 많이 부족하지만 최선을 다했습니다."

이렇게 말하는 순간 가족들은 불안에 빠진다. 만약 환자에게 작은 이상 반응이라도 나타나면 '의사가 서툴러서 수술이 잘못된 것은 아닐까?' 하는 의심부터 할 것이다. 환자는 더 말할 것도 없다. 겸손한 의사 말고, 자기가 이 계통에 최고의 실력자이니 안심하라고 말해주는 의사를 원할 것이다. 의사의 이런 자신감은 있던 병도 사라지게 한다.

직장에서도 마찬가지다. 실력은 다 거기서 거기다. 어느 날 회사 또는 팀에서 당신에게 특정한 일을 맡긴다고 하자. 새로운 업무일 수도 있고, 까다로운 고객을 상대해야 하는 난이도 높은 일일 수도 있다. 이때 회사가 당신에게 원하는 태도가 바로 자신감이다. 결과는 좀 부족해도 괜찮다. 절대 할 수 없는 일을 신입인 당신에게 맡길 리도 없고, 완벽한 결과를 기대하지도 않는다. 만약 당신이 겸손한 모습으로 빼거나, 다른 동료를 추켜세우며 떠넘긴다면 어떨까. 안타깝지만 그 이미지는 계속 상사와 동료들에게 선입견으로 남게 된다. 겸손함이 아닌 무능함으로 말이다.

이 글을 쓰고 있는 오늘은 5월 8일 어버이날이다. 모 협회에서 주관하는 어버이날 행사에 초대되어 아침부터 바빴다. 행사장 입구에는 몇 명의 봉사자들이 나와서 입장하는 모든 손님들의 가슴에 카네이션을 달아 주고 있었다. 협회 회장님의 어버이날 기념 연설에 모든 참석자의 가슴이 효심으로 물들 무렵, 갑자기 진행자가 식순에도 없던 깜짝 제안을 했다. 앞에 앉은 참석자부터 차례대로 나와서 '엄마 자랑 3분 스피치'를 하는 시간을 갖겠다는 것이다. 모두들 당황하는 기색이 역력했다. 나도 스태프들이 준비 중인 맛있는 식사와 다과가 나오기만을 기다리고 있다가 배고픔이 싹 사라지는 순간이었다.

이 세상에 엄마 자랑을 안 하고 싶은 사람이 누가 있을까? 하지만 갑자기 나가서 마이크를 잡고 싶지 않은 몇몇 사람들은 분주하게 움직이기 시작했다. 양쪽 벽에 비치해둔 보조 의자로 이동하는 사람, 다음 사람에게 먼저 나가라고 손짓으로 양보하는 사람, 차례가 왔어도 고개와 손을 흔들며 꼼짝 않는 사람 등…. 결국 야무진 진행자에 의해 한 사람도 빠짐없이 나갔다. 결과적으로는 자발적으로 나간 사람도, 시간을 끌면서 억지로 나간 사람도 새삼 떠오르는 엄마 생각에 모두가 만족하는 따뜻한 시간이었다.

우리의 직장에서도 일과 기회는 이렇게 어느 날 갑자기 찾아온다. 안 나가려는 사람은 "나는 말을 못해요"라는 겸손한 말로 피하지만, 어느 누구도 그 사람의 말솜씨를 평가하지 않는다. 우리의 상사와 동료들도 처음부터 당신의 스피치 능력이 뛰어나기를 기대하지 않는다. 3분 스피치라는 도전을 자신감으로 이겨내는 자세와 스토리에 박수를 치는 것이다. 주어진 문제에 대한 두려움을 극복해내는 용기가 당신을 능력 있어 보이게 하는 것이다.

이와 같이 직장생활에서 겸손은 득이 될 수도, 독이 될 수도 있다. 겸손한 태도는 좋은 인간관계뿐 아니라, 팀워크를 강화하고, 피드백을 잘 수용하며, 신뢰를 형성하는 데 도움이 된다. 그러나 과도한 겸손은 자신의 능력을 과소평가 받게 하고, 주도권을 상실하며, 업무 성과가 저평가될 위험이 있다. 따라서 겸손은 적절히 발휘될 때는 득이 되지만, 지나치거나 상황에 맞지 않게 사용하면 단점으로 작용할 수 있다. 특히 직업과 관련한 일의 세계에서는 겸손과 자신감을 균형 있게 발휘하는 사람이 진정한 프로다.

어떻게 존재감을
보여줄 것인가

예나 지금이나 나는 나서는 것을 좋아하지 않는다. 자기소개를 하는 자리는 피하고 싶고, 윗사람한테 잘 보이려고 적극적으로 다가가는 성격도 아니다. 이런 내가 남의 눈에 띄어 존재감을 드러내기란 쉽지 않았다. 나는 새로운 도전이 주어질 때도 대부분 떠밀려서 하는 편이었다. 성과 욕심이 많아서 안 한다는 말은 안 하지만, 기대가 크면 실망도 클까봐 겸손 카드를 먼저 쓴 적도 있다. 요란 떨지 않고 조용히 잘 해내서 서프라이즈 같은 반전을 꾀하고 싶었다. 그러나 내가 해낸 일에 모두가 박수 쳐주고, 찬사를 보내리라는 기대는 오산이었다. 그 누구도 어제의 임무와 성과를 기억하고, 알아서 챙겨주지 않는 곳이 바로 직장이었다.

이처럼 직장생활을 하다 보면 1개를 하고도 인정받는 사람이 있는가 하면 9개를 하고도 눈에 띄지 않는 사람이 있다. 심지어 재주는 곰이 부리고 공은 엉뚱한 사람이 주워 먹기도 한다. 자기가 한 것에 대해 티를

낼 줄 모르기 때문이다.

밉지 않게 제대로 자랑하기

만약 자랑하는 것이 오글거리거나, 겸손이 최고의 미덕이라고 생각한다면 공로를 드러내야 할 타이밍을 놓쳐서 혼자 속상했던 적이 있을 것이다. 설령 누군가 알아준다 해도 "아니에요", "뭘요" 하면서 겸손하게 넘어가 묻혀버렸던 적도 있을 것이다. 과거의 나처럼 말이다.

직장에서는 일 외에도 배울 것이 많다. 자기 어필을 잘하는 동료가 있다면 질투할 시간에 그를 보고 배우고, 밉지 않게 어필하는 법을 연구하기를 바란다. 상사에게 보고할 때도 팩트만 나열하는 것이 보고가 아니다. 당신의 지시가 이렇게 잘 진행되고 있음을 알리는 자랑은 상사를 춤추게 한다. 자랑의 기술은 이렇게 중요하다. 어떻게 하면 밉지 않게, 그리고 효과적으로 자신의 성공 사례를 어필할 수 있을까. 전략적인 자랑의 방법에 대해 알아보자.

1. 과하지 않게 자랑하기

자랑꾼을 좋아하는 사람은 없다. 자기 자랑을 할 때는 듣는 사람이 부담을 느끼지 않는 선을 지키는 것이 중요하다. 상대방의 호응이 좋다고 해서 신이 난 나머지 자랑의 범위가 핵심을 벗어나면 역효과가 난다. 나 아니면 안 된다는 식의 자랑도 삼가야 한다.

2. 기회가 왔을 때 적극적으로 자랑하기

내가 먼저 자랑하는 것은 얼굴이 간지러워도, 갑자기 임원이 묻거나 실력 발휘할 자리가 마련되면 자신을 적극적으로 어필해야 한다. 면접관들도 자신의 재능을 숨기는 사람보다 자신의 강점이나 업적을 드러내주는 사람을 더 관심 있게 평가할 가능성이 높다고 한다.

3. 구체적인 수치를 사용해서 명확하게 표현하기

"지난 분기 동안 제가 담당한 제품의 매출을 30% 증가시켰습니다. 이는 전년 대비 15% 성장한 수치입니다."

"지난해 대비 고객 유입률을 50% 향상시켰습니다. 이를 통해 월 평균 신규 고객 수가 200명에서 300명으로 증가했습니다."

4. 이전 상태와 비교하며 개선된 점을 강조하기

"신규 마케팅 전략 도입 후 매출이 20% 상승했습니다. 이는 전략 도입 전 3개월간의 평균 매출과 비교한 결과입니다."

"우리 팀의 프로젝트 완료 시간이 작년 평균 8주에서 올해 평균 6주로 단축됐습니다. 이는 효율적인 업무 프로세스 개선의 결과입니다."

5. 개인의 공로뿐만 아니라 팀의 기여도 함께 언급하기

"우리 팀이 함께 노력해서 지난 분기 동안 프로젝트를 2주 빨리 완료했습니다. 이는 팀원들의 협업 덕분에 가능했습니다."

SNS 활용으로 존재감 어필하기

직장인도 브랜딩이 필요하다. 회사에서 열심히 하는 것만으로는 자신을 어필하는 데 한계가 있다. 요즘은 나를 세상에 알리기에 너무나 편리한 세상이다. SNS에 이번 생일에 받은 선물과 꽃다발을 자랑하고, 자신의 제품을 사진과 동영상으로 홍보하는 것처럼, SNS는 자신의 능력을 다양한 방식으로 어필할 수 있는 강력한 도구가 되어준다. 물론 직장상사와 동료들이 본다는 보장은 없다. 하지만 모두에게 열려 있는 공간인만큼 SNS를 활용해 자신의 존재감을 효과적으로 어필하기 위한 방법을 알아보자.

1. 직업 관련 정보 공유 : 자신의 업무나 관심 분야에 관련된 최신 뉴스, 업계 동향, 트렌드 등을 공유함으로써 전문성을 어필한다.
2. 전문적인 의견 제시 : 자신이 읽은 책이나 논문, 혹은 컨퍼런스에서 얻은 인사이트와 생각을 작성해서 공유하면, 업계 전문가로서의 이미지를 구축하는 데 도움이 된다.
3. 자기계발 내용 게시 : 직무 관련 자격증 공부를 하고 있거나 최근에 새로운 자격증을 취득했다면, 이를 SNS에 공유해 지속적인 자기계발과 성장의 의지를 보여줄 수 있다.
   "일의 전문성을 높이기 위해 최근 데이터 분석 자격증을 취득했습니다. 이를 바탕으로 더욱 신속하고 정확도가 높은 업무 성과를 올리는 것이 가능해졌습니다."
4. 이벤트 참여 및 기록 : 업무 관련 행사나 세미나에 참여한 후 그 경

험을 SNS에 기록해서 다른 사람들과 공유한다. 참여한 이유, 느낀 점, 유용한 인사이트 등을 포스팅하면 여러분의 역량이 자연스럽게 어필된다.

5. 자신의 업무 성과 공유 : 작은 성과라도 SNS에 게시해서 자신이 하는 일에 대한 전문성과 자부심을 나타낸다. 팀원들과 함께 이룬 성과라면 상사와 동료에게 감사하는 글을 덧붙여 협력적인 이미지를 보여준다.

모든 포스팅에서 긍정적인 언어를 사용하자. 불평이나 부정적인 내용은 피하고, 기분 좋은 성취와 경험, 그리고 과정을 강조하는 것이 좋다. 업무 관련 포스팅 외에 개인적인 관심사나 취미에 대한 내용도 적절히 공유하면 인간적인 면모를 보여줄 수 있다. 그러나 SNS 특성상 지나치게 사적인 내용은 피하기를 바란다. 또한, 직장상사와 동료들 상호 간에 사생활을 침범하지 않는 신중한 접근과 관리가 필요하다.

적극적으로 참여하기

회의나 프로젝트에 적극적으로 참여하고, 자신의 의견을 표현하는 사람이 존재감이 없기란 불가능하다. 나서고 튀는 것과는 다른 이야기다. 프로젝트에 애정이 있고 잘 해내고 싶어야 의견도 있는 것이다. 자신에게 주어진 임무에 대한 책임감이 있어야 질문도 할 수 있다. 이제 적극적인 참여로 존재감을 높이는 작은 행동들을 알아보자.

1. 회의 전 관련 자료 검토

회의 전 관련 자료를 검토한다. 적극적인 참여를 위해서는, 회의 전에 관련 자료를 검토하고 자신의 의견을 미리 정리해두는 것이 좋다.

2. 회의 중 적극적인 참여

회의 중에 다른 사람의 의견에 대해 궁금한 점이나 관심 있는 부분이 있으면 적극적으로 질문한다. 예를 들어, "이 부분에 대해 설명을 조금 더 듣고 싶습니다" 같은 요청을 한다면 자신이 회의 내용을 잘 이해하고 있음을 보여줌과 동시에 회의에 생명력을 불어넣는 존재감 갑이 되는 것이다. 반대로 나에게 발표 기회가 주어졌을 때 대부분 할 말이 없다고 피하는 경우가 많다. 짧아도 괜찮다. 주저하지 않고 준비한 내용을 말하는 것은 일에 대한 열정의 표현이다.

3. 프로젝트 진행 중 책임감 있는 태도

프로젝트 진행 중에도 진행 상황을 주기적으로 피드백 받는 적극적인 태도를 보여라. 그리고 마감 기한을 준수해 임무를 완수하겠다는 의지를 보여라. 예를 들어 프로젝트를 함께 하는 팀이나 상사에게 "이 일은 제가 책임지고 완수하겠습니다"라는 식으로 책임감을 드러내면 당신은 존재 자체만으로도 팀의 활력소가 될 것이다.

자신의 성과와 능력은 내가 알리지 않으면 아무도 알아주지 않는다. 특히 적극적인 참여는 신뢰와 자신감을 보여주고, 긍정적인 존재감을 발휘하는 핵심 태도라고 할 수 있다. 당신도 과하지 않게, 밉지 않게 존재감 어필의 달인이 되기를 응원한다.

몸값을 올리려면
프레젠테이션 하라

연차가 쌓일수록 가장 위대해 보이는 것이 프레젠테이션이었다. 또한 가장 두려운 것도 프레젠테이션이었다. 그 당시 대외적인 브리핑은 깔끔한 외모의 싱글 조팀장님이 도맡아 했었다. 나도 승진하면 언젠가 발표의 기회가 주어질까 봐 오지도 않은 순간을 상상하며 미리 걱정하고는 했다.

드라마 속 주인공은 프레젠테이션도 똑 부러지게 잘한다. 프레젠테이션을 성공적으로 마치고 임직원들의 박수를 받으며 자신감 넘치는 모습으로 서 있는 주인공, 그리고 한쪽에는 반드시 그를 질투하는 조연이 있다. 현실 속 직장생활도 별반 다르지 않았다. 다른 선배들이 조팀장님의 PT(프레젠테이션)를 은근히 질투하는 모습을 볼 때마다, 조팀장님의 응원군이었던 나는 정신 승리의 쾌감을 맛보고는 했다.

그토록 피하고 싶었던 미래의 시간은 생각보다 일찍 찾아왔다. 프레젠테이션을 도맡아 했던 조팀장님이 아버님의 갑작스러운 병환으로 휴가를 낸 것이다. 거래처 방문이 일주일 앞으로 다가온 만큼 이사님은 급히 신제품 PT를 할 대타를 찾고 있었다. 그런데 선배들이 하나같이 이사님의 시야에서 벗어나려는 눈치였다. 그런 선배들을 보면서 '누구나 무섭긴 마찬가지구나'라는 생각이 스쳤고, 순간 내 안에 작은 도전의식이 꿈틀거렸다. 나는 덩달아 마치 후보에 속하기라도 한 것처럼 심장이 쿵쾅거렸다. 내 심장소리가 들렸던 것일까. 짱짱한 선배들을 두고 왜 나에게 신제품 PT를 맡겼는지는 지금도 알지 못한다. 그리고 내가 어떻게 그 제안에 고개를 절레절레 흔들며 피하지 않았는지, 무슨 정신으로 예스를 했는지도 기억이 나지 않는다.

PT에 대한 앞선 두려움이 어쩌면, 나도 언젠가는 PT를 근사하게 잘 해보고 싶다는 열망이었을지도 모른다. 그 눈빛을 이사님이 알아차리셨던 것일까. 일주일이 지나갔고, 절대 넘을 수 없다고 생각했던 산을 무사히 넘었다. 그렇게 위대해 보였던 일을 내가 해낸 것이다. 앞에 나서는 것을 싫어하는 내 성격에 잘하겠다는 욕심은 사치였다. 그렇게 며칠 밤낮을 준비하고 처음 신제품 PT를 하던 날, 내가 다짐한 것은 딱 2가지였다.

첫째, 중간에 포기하지 말고 끝까지 마치기만 하자.
둘째, 아무리 떨려도 티 내지 말자.

첫 PT 이후 조팀장님의 복귀 후에도 중요도가 낮은 브리핑은 종종 나에게 맡겨졌다. 앞으로도 계속 서야 된다면 이왕이면 잘해야 했다. 조팀 장님께 틈틈이 조언을 구하고, 전신거울 앞에서 인사하는 연습을 했다. 전철을 타면 승객이 많은 방향으로 마주 서서 관중에 익숙해지는 연습을 하기도 했다. 다음에서는 내가 발표를 준비하면서 터득했던 방법을 소개하려 한다. 예전의 나처럼 PT에 자신 없는 당신이라면 다음의 몇 가지 방법만 알아도 당장 무대에 서고 싶어질 것이다.

1. 누구나 다 떨린다

말을 직업으로 삼고 있는 사람들조차 PT는 떨리는 일이다. 전문 강사도, 가수도 심지어 스피치 강사들도 떨리는 것은 마찬가지다. 재미있는 것은 떨림과 설렘이 한 끗 차이라는 것이다. 떨리는 이유는 잘하고 싶어서다. 청중의 기대에 부응하고 싶고, 좋은 결과를 내고 싶기 때문에 긴장되는 것이다. 안 떨리는 사람은 안 떨리는 척을 잘하는 사람이다. 떨지 않고 능숙해 보이는 사람은 '떨림'을 잘 해내기 위한 에너지로 활용할 줄 아는 사람들이다.

2. 무대공포증은 무대에서 극복된다

우리는 보통 1:1 대화나 여럿이 주고받는 대화를 한다. 그러나 발표는 다르다. 나 혼자 말해야 하고, 다른 사람들은 모두 나만 쳐다보며, 내 말만 듣는다. 사람들의 이목이 집중된 상태에서 혼자 무언가를 발표해야 되는 익숙지 않은 상황이 우리를 두렵게 만든다. 강연가나 가수들이 떨리면서도 즐길 수 있는 이유는 무대가 익숙하기 때문이다. 무대공포증은 무대에 익숙해져야 사라진다. 무대 경험이 쌓일수록 무대가 익숙해지고 자신감이 생긴다.

3. PPT에 텍스트를 줄여라

PT 자료, 특히 PPT 슬라이드는 가능한 한 간결하게 구성해야 한다. 간혹 PPT 화면 전체를 텍스로로 채워서 그대로 읽는 사람이 있다. 이는 발표 내용의 전체 맥락을 이해하지 못했기 때문이다. PT는 논문을 거의 그대로 읽는 학술대회가 아니다. 텍스트가 너무 많으면 청중은 화면을 읽느라 발표자의 말을 놓치기 쉽다. 텍스트는 문장이 아닌 키워드 중심으로 간단하게 정리하고, 시각적 요소와 이미지를 활용해서 관심을 끄는 것이 좋다. 이렇게 하면 발표자의 말이 시각적으로 연결되어, 메시지를 더 효과적으로 전달할 수 있다.

4. 호응이 좋은 사람만 보며 발표하라

이 방법은 매우 효과적이다. 청중 전체를 바라볼 때는 누군가와 시선을 맞추지 않은 상태에서 고개만 움직이며, 초점은 호응이 좋은 사람에게 맞추는 것이다. 긍정적인 반응을 보이는 사람을 찾아 그들과 시선을 맞추며 발표하면 실제로 자신감이 높아진다. 청중 모두를 신경 쓰면 긴장감이 높아질 수 있다. 누군가 무심코 시계만 쳐다봐도 '내 강의가 지루한가? 빨리 끝내야 하나?' 하면서 자신도 모르게 위축된다. 그러나 호응이 좋은 사람과 교감하면, 철저히 준비한 지식이 저절로 나오고, 시간 가는 줄 모르는 경험을 반드시 하게 된다.

5. 발표 도중 실수는 무시하라

발표 도중 실수는 자연스러운 일이다. 실수했다고 해서 자책하거나 너무 신경 쓰지 말자. 김연아 선수가 실수를 툭 잊어버리고 다음 동작으로 넘어가듯이, 실수했을 때는 가능한 한 빨리 잊고 계속 진행해야 한다. 청중의 대부분은 당신의 실수와 결점을 바로 잊거나 알아채지 못한다. 누군가의 브리핑이나 강연을 녹음해서 들어보면 들을 때는 느끼지 못했던 실수가 많다는 것을 알 수 있다. 중요한 것은 전체적인 흐름과 메시지다. 실수를 무시하고 당당하게 발표를 이어나가는 것이 발표를 잘하는 것이다.

6. 남의 평가에 신경 쓰지 말고 발표에 집중하라

아무리 잘해도 모든 사람을 만족시킬 수는 없다. PT를 할 때는 청중의 평가보다 무슨 말을 전달할지, 발표에만 집중해야 한다. 질투나 비판은 어쩔 수 없다. 그들이 주는 피드백은 자신의 실력 향상을 위한 계기로 삼고, 그들의 평가를 참고해서 실력을 업그레이드하면 된다. 발표 후 평가도 중요하지만, 발표 중에는 자신의 목표에 집중하는 것이 더 중요하다. 내용 전체를 정확히 이해하고 준비가 철저할수록 남의 평가에 영향을 적게 받는다.

7. 당당한 척하면 실제로 당당해진다

PT를 할 때는 당당한 태도가 큰 도움이 된다. 열린 제스처를 사용하고, 청중과 눈을 맞추며 자신감 있게 행동하라. 심리학에 'Fake it till you make it'이라는 말이 있다. 자신이 원하는 상태나 목표를 이미 달성한 것처럼 행동함으로써 실제로 그 상태에 도달할 수 있다는 의미다. 무대에서 당당한 것처럼 행동하면 시간이 지남에 따라 실제로 당당해지는 경험을 하게 된다. 이러한 자세는 청중에게 설득력을 높이고 프로다운 인상을 준다.

PT 능력은 현대 사회에서 강력한 경쟁력이다. 자신을 믿고 도전하길 바란다. 중요한 것은 하겠다는 의지와 용기다. 그리고 연습과 실전만이 살길이다. 운전도 계속하면 실력이 늘듯, 발표 실력도 연습과 반복을 통해 향상된다. 가장 좋은 방법은 자신의 발표 영상이나 녹음한 음성을 듣는 것이다. 자신의 발표 영상을 모니터링하려면 용기가 필요하다. 녹음된 음성도 자기 목소리가 아닌 것 같고 실망스러울 것이다. 하지만 이보다 더 좋은 피드백이 없다. 당신도 PT를 잘하는 일잘러가 되길 응원한다. 이는 직장 및 모든 사회 활동에서 당신의 가치를 높여줄 강력한 무기가 될 것이다. 기회는 왔을 때 잡아야 한다. PT 능력으로 경쟁력을 갖추면 그 영광은 모두 당신이 가져갈 것이다.

머리를 믿지 말고
손을 믿어라

적자생존은 원래 환경에 적응한 생물만이 살아남는다는 뜻이지만, 요즘은 기록하는 자만이 생존한다는 뜻으로 더 많이 쓰인다. '기록하는 손은 제2의 뇌'라는 말이 있듯이, 성공한 사람들의 특징 중 메모하는 습관은 필수적인 성공 요인으로 꼽힌다.

기록의 힘을 아는 사람들은 기록을 일 외에도 다양하게 실천한다. 아기의 소중한 성장 과정을 세세하게 기록한 육아노트, 배우자와의 만남에서부터 결혼에 골인하기까지 행복했던 순간들과 수많은 고비들을 차곡차곡 기록한 연애노트 등. 엄마의 사랑이나 배우자의 사랑을 검증하는 데에 이보다 더 막강한 도구가 있을까 싶다. 하물며 직업에 관련한 기록이야말로 어느 날 갑자기 기회가 찾아왔을 때 유용한 자산이 되어준다.

"기록하기를 좋아하라. 쉬지 말고 기록하라.

생각이 떠오르면 수시로 기록하라. 기억은 흐려지고 생각은 사라진다.

머리를 믿지 말고 손을 믿어라."

– 다산 정약용 –

조선 후기 대표적인 실학자 정약용이 남긴 이 명언은 필자가 적자생존을 시작할 무렵에 만난 글이다. 글에서도 알 수 있듯이 기록 습관의 중요성은 시대가 바뀌어도 희석되지 않는 진리라고 할 수 있다. 기억은 흐려지고 생각은 사라지기 때문이다.

필자 역시 기록의 덕을 톡톡히 보며 살고 있다. 메모 습관이 처음 생긴 것은 회사에서 프레젠테이션을 하면서부터다. 남들의 강연이나 뉴스를 보다가 발표에 활용할 만한 소재가 나오면 바로바로 적기 시작했다. 나중에 적어야지 하고 미루면 금세 기억에서 사라진다. 머리를 믿지 말고 손을 믿어야 실천할 수 있다.

메모는 손으로 쓰는 자체만으로도 뇌를 자극해서 기억을 되살리는 힘이 있다. 발표를 하려면 시나리오가 필요한데, 머리로만 시뮬레이션하면 막상 무대에 섰을 때 알고 있던 것도 생각이 안 날 때가 있다. 하지만 키워드라도 적으면서 연습하면, 무대에 서기 전에 한번 훑어보는 것만으로도 내용 전달을 충분히 할 수 있다.

지금 이 책의 원고 또한 일 속에서 마주하는 다양한 상황들을 생각이 날 때마다 적어놓았던 기록의 산물이다. 갓 입사한 어설픈 직원을 보며 옛날 생각이 날 때마다, 작은 일에도 쩔쩔매던 사회초년생 시절의 나에게 해주고 싶은 이야기를 적었다. 출근하면서 인사 한마디로 사무실 분위기를 환하게 만들었던 직원을 보면서 그 예쁨을 적었고, 왜소한 체격에도 여유와 기품이 느껴지는 남자직원을 보면서 남과 비슷한 업무 실력에도 더 능력 있어 보인다는 사실도 기록했다. 때로는 직원에게 던질 잔소리를 아끼고, 사람이 아닌 메모장에 잔소리와 개선점을 쏟아내기도 했다.

신입사원들이 가장 놓치기 쉬운 것이 기록이다. 기록의 중요성을 알고 있더라도 입사해서 적응하기 위해 노력하다 보면 어느새 몇 개월, 몇 년이 지나가 버린다. 여행을 다녀오면 사진만 남는다는 말처럼 시간과 이력을 대변하는 것은 기록밖에 없다. 이제부터 신입사원들은 자신의 이력이나 성과를 글로 기록해두기를 바란다. 사회생활을 하다 보면 이직이 아니어도 이력서를 써야 할 때가 있다. 사소한 실적이라도 기록해두면 이력서 업데이트에도 유용하게 사용할 수 있다.

업무일지를 쓰는 것도 좋은 방법이다. 업무일지를 쓰는 규율이 없더라도 매일 업무일지를 쓰다 보면 메모 습관은 물론, 스마트한 일잘러에 한 걸음 가까워진 자신을 발견하게 될 것이다.

21대 국회의원 선거에 처음 출마하는 후보를 도와 선거 사무장을 맡은 적이 있다. 예비후보 등록부터 시작해 공천 경쟁을 거치고 본 선거에 이르기까지 실무를 담당하는 보좌진들은 선거관리위원회를 수없이 드나들어야 했다.

어느 날 선관위에서 마주친 다른 정당 후보의 사무장과 잠깐 대화할 기회가 있었다. 나는 처음 출마하는 후보의 담당자였고, 그분의 후보는 두 번째 출마였다. 그는 지난 총선에도 현 후보와 함께 일했고, 이전에도 여러 후보들과 선거를 치러본 경험이 많은 사람이었다. 그는 선거를 처음 경험하는 내가 얼마나 정신없이 바쁘고 힘든지를 잘 알고 있었다. 그때 그가 나에게 알려준 실무의 핵심이 바로 기록이었다. 선거에 출마하는 후보가 자신의 기록을 얼마나 가지고 있느냐에 따라, 예비후보 등록 때부터 시작되는 수많은 문서 작업이 하늘과 땅 차이라고 했다. 제대로된 이력서 한 장 없는 후보가 있는가 하면, 비전과 공약이 확실한 후보는 자신만의 기록이 차곡차곡 정리되어 있는 것부터가 다르다는 것이다. 그리고 나에게도 조언했다. 선거의 모든 과정과 세부적인 진행사항을 체계적으로 기록해두라고, 다음 기회가 찾아왔을 때 나의 경쟁력은 결국 잘 정리해둔 기록이라고….

사무장의 역할은 선거가 끝나고도 회계와 정산 등 모든 절차가 끝날 때까지 복잡하기 짝이 없었다. 모든 실무를 마무리 하는 날 '이제 선거는 눈 감고도 할 수 있겠다'라는 생각이 들었다. 하지만 지금 돌이켜 생각해보니 불과 4년 전의 일인데도 기억조차 흐려져 아득하게 느껴질 뿐이다. 기억하려면 머리를 믿지 말고 반드시 손을 믿어야 한다.

언젠가 아파트 입주민 회의에 참석했다가, 새로운 관리소장을 뽑기 위한 이력서를 검토하는 일에 참여하게 됐다. 6장의 이력서를 검토하는 데 학력은 중요하지 않았다. 앞으로의 포부도 거기서 거기였다. 주로 사진에서 느껴지는 인상과 나이를 보고 의견들을 내놓는 분위기였다. 그런데 이력서 한 장에서 눈에 띄는 점을 발견했다. 그동안 빌딩과 아파트를 관리해오면서 이루었던 크고 작은 성과들이 한눈에 이해가 되도록 정리되어 있었다. 건물 내 노후시설의 유지보수 및 관리에 주력했던 점, 아파트의 연식별 하자보수를 위해 시행사와 시공사와의 합의를 이끌어내어 입주민의 권익보호에 앞장섰던 점, 입주민들의 화합을 위해 힘썼던 구체적인 성과들 등을 꼼꼼하게 첨부한 것이다. 결국 가장 유력했던 젊은 사람을 제치고, 그 이력서가 채택됐다. 바로 그때그때 기록해두었던 자료가 승리한 셈이다.

직장인뿐 아니라 법인 및 자영업을 운영하는 사람도 메모는 필수다. 아이디어가 생각날 때마다 적는 것은 물론이고, 각종 세금과 연말정산 등 세부적으로 기록해둘 것이 한두 가지가 아니다. 고정적인 기장료를 지불하고 세무사에게 맡긴다 하더라도 시기별로 흐름은 꿰고 있어야 한다. 평소 적어둔 기록물은 생각지도 못한 문제를 해결해줄 때가 있다. 상사에게 갑작스러운 질문을 받거나 보고할 때도 평소 기록해둔 메모장이 결정적인 해결사가 되어주기도 한다.

지금은 신입사원이라도 언제까지나 말단사원에 머무르지 않는다. 이직을 하든 승진을 하든, 미래에 대한 비전을 품은 사람이라면 사소한 실적이라도 차곡차곡 정리해서 쌓아가기를 바란다.

지금 읽는 책 한 권이
5년 후 당신의 삶을 바꾼다

독서에 관한 나의 생각이 누군가에게는 유별나 보일 수도 있다. 하지만 나는 좋은 독서 습관을 가진 사람은 밝은 미래를 여는 황금열쇠를 쥐고 있는 것과 같다고 생각한다. 조금 더 과감하게 말하자면, 여러분의 미래는 책을 읽는 사람과 안 읽는 사람으로 나뉜다고 생각한다. 나는 그 정도로 독서의 힘을 믿는다. 사회생활을 시작하면서 성공적으로 경력을 쌓아가려면 지속적인 학습이 필요하다. 독서는 지식과 시야를 넓혀주고, 새로운 아이디어를 주며, 문제 해결 능력을 높인다. 그렇게 고마운 책이 손만 뻗으면 얻을 수 있는 곳에 입맛대로 널려 있다. 주제별로 장르별로 원하는 대로 다 있다. 그러나 직접 책을 집어들어 첫 장을 넘기는 사람은 많지 않다. 그 작은 차이가 머지않은 미래에 큰 격차를 만든다.

대부분 취업에 성공만 하면 나를 위한 미래가 준비되어 있을 거라고 믿는다. 일만 열심히 하면 인정받을 수 있으리라 생각한다. 그런데 막상 직장생활을 시작해보면 정해진 업무 외에도 배우고 터득해야 할 것들이 한두 가지가 아니다. 인간관계에 대해 배운 적도 없고, 언어능력은 생각해본 적도 없다. 학력과 자격증만 있으면 될 줄 알았는데 실전에서는 통하지 않는다. 실수하고 혼나고 고민하면서 하루하루를 지나다 보면 어느새 몇 년이 후다닥 가버린다. 남자는 군대 다녀와 1~3년이면, 서른을 바라본다.

당신과 술을 마셔주고 상사 욕을 거들어줄 친구들은 많지만, 친구들이 당신의 고민을 해결해주지는 못한다. 원하는 주제별로 핵심만 뽑아서 알려주는 스승은 책 속에 다 있다. 이제 당신은 책장을 열어 여러 스승들을 만나기만 하면 된다.

바쁜 직장생활 중에도 아침저녁으로 하는 독서 습관은 미래를 위한 투자다. 여러분의 삶을 변화시키는 데 도움이 되는 독서의 중요성과, 후배님들에게 권해주고 싶은 몇 가지 장르를 함께 이야기해보고자 한다.

직장인이 독서를 해야 하는 이유

1. 지식과 정보 습득

일과 관련된 책을 읽으면 전문 지식이 쌓이고, 업무 능력이 향상되며, 시야가 넓어진다. 책에서 발견한 정보에서 다양한 아이디어와 영감을 얻을 수 있고, 창의적인 사고를 기를 수 있다. 책이 주는 인사이트는 다른 매체와 달리 그만이 주는 전문성과 깊이가 있다.

2. 언어 능력 향상

다양한 주제의 책을 읽으면서 새로운 단어와 표현을 접하게 된다. 이를 통해 어휘력이 풍부해지고, 문장을 구성하는 능력이나 표현력 또한 강화된다. 직장에서 자신의 의견을 더 명확하게 전달하게 되고, 프레젠테이션이나 보고서 작성 시에도 구체적이고 명료한 언어로 나의 생각을 효과적으로 전달할 수 있게 된다.

3. 문제 해결 능력 향상

독서는 단순히 지식을 얻는 것뿐만 아니라, 저자들의 무궁무진한 경험과 깨달음을 간접적으로 접하면서 본인의 경험처럼 학습이 된다. 본인에게 도움 되는 책을 많이 읽을수록 보이는 것이 많아진다. 이 덕분에 실전에서 겪는 다양한 문제 해결 능력이 향상된다.

4. 공감 능력 향상과 원활한 관계 형성

책을 통해 다양한 인물들의 성격이나 행동을 접하다 보면, 자신을 둘러싼 타인의 생각과 감정을 이해하고 공감하게 된다. 이는 직장 동료들과의 원만한 관계 형성과 소통에 도움이 된다. 더 나아가 자신을 객관적으로 이해함으로써 스스로 치유되는 경험을 하기도 한다.

5. 스트레스 해소

독서는 독자를 책의 내용에 몰입하게 해서, 현실에서 겪는 스트레스와 걱정에서 벗어나게 해준다. 실제 연구에 따르면 독서는 심박수와 근육 긴장을 줄여주는 효과가 있어 마음을 이완시켜 준다고 한다. 또한 감동적인 이야기나 공감되는 내용을 읽으면, 감정이 정화되어 스트레스가 줄어든다.

직장인을 위한 자기계발 추천 도서

직장인으로서 자기계발은 자신의 역량을 강화시키는 필수 요소다. 우리는 사회의 구성원이자 경제활동을 하는 사람으로서 지속적인 성장이 필요하다. 자기계발서에는 저자의 성공 스토리와 값진 노하우가 담겨 있다. 다음에서는 삶에 대한 마인드와 태도를 변화시키고, 자신의 커리어와 삶에 적용할 수 있는 실직적인 조언을 제공하는 자기계발서를 추천한다.

첫째, 대화법 관련 도서를 1권쯤은 꼭 읽기를 추천한다. 어느 스피치 강사가 말하기를 '사회생활 시작하면서 운전면허증 따는 것보다 급한 일이 말하기 연습이다'라고 했다. 자수성가 청년인 '자청'도 인생 최대 터닝포인트가 20살 겨울에 도서관에서 대화법 책을 읽고 사람들에게 적용해보기 시작하면서부터라고 했다.

둘째, 사람의 심리와 인간관계에 관한 책을 추천한다. 주로 심리를 얕게 배운 사람들이 상대방 속이 다 들여다보인다며 속단하는 경우가 있다. 속단은 더 큰 오해를 불러오기 때문에 제대로 공부해야 되는 것이 심리다. 사람들은 말과 행동을 진짜 속마음과 전혀 다르게 표현하는 경향이 있다. 그래놓고 자기의 마음을 알아주기를 바란다. 하지만 사람들은 표면으로 드러내는 말과 행동만 보고 판단한다. 상사와 동료, 그리고 가족들의 행동 패턴을 심리와 연결 지어 생각하다 보면, 섣부른 오해나 서운함이 이해로 바뀌는 것을 경험하게 된다. 그리고 심리를 알면 보이는 것 중 첫 번째가 바로 자기 자신의 내면이다. 자기 자신을 객관적으로 자가진단 하는 능력, 그것이 최고의 실력이다.

셋째, 금융과 재테크 관련 도서를 추천한다. 나는 지난 설날에 사랑하는 중3 조카에게 4권의 책을 선물했다. 기초 주식 투자법, 종잣돈 모으는 법, ETF, 부동산 기초 이렇게 4권이다. 중학교 3학년이 어린 것 같지만 3년 후 수능만 치르면 성인이다. 우리는 이렇게 금융에 대해 아무런 지식도, 경험도 없이 경제활동을 시작한다. 시행착오가 따르는 것은 정해진 수순이다. 그래서 경제활동을 시작한 직장인들에게 필수 요소 역시 독서다. 아무도 나에게 금융 지식을 배우라고 지시하지 않는다. 이는 개인 선택의 영역이다. 똑똑한 투자를 공부하지 않으면 투기의 유혹이 먼저 찾아온다. 직장에서 힘들게 번 돈의 가치를 키우고 싶다면 책 속에 있는 전문가에게 배워야 한다.

직장생활 말고는 아무것도 할 줄 아는 것이 없는 것처럼 느껴진다면, 지금이라도 독서를 시작하기를 바란다. 독서를 장기적인 시간 투자라고만 생각할 수 있지만, 읽고 바로 활용할 수 있는 즉문즉답 같은 책도 많다. 책을 통해 얻은 지식과 경험으로 자신이 종사하는 일의 전문성을 높이는 것은 대단히 중요한 프로의 덕목이다. 더 나아가 독서를 통해 직장

내 인간관계와 소통 능력까지 향상시킨다면, 직장에서 겪는 다양한 고민들이 절반은 해결된다.

　이제 멘토가 없어서 실패했다는 말은 통하지 않는 시대다. 훌륭한 사람이 쓴 책을 읽고 실행하면 된다. 친구들과 술 마시는 시간을 줄이고, 그 시간에 책을 읽어라. 똑같은 시간을 보내더라도 퇴근 후 여가 시간을 어떻게 보내느냐에 따라 5년 후 미래가 달라진다. 매일 조금씩 쌓아가는 독서 습관은 직장 및 사회생활 전반에서 여러분의 커리어를 쌓아가는 데 큰 자산이 되어줄 것이다.

입사한 김에 일잘러 되기

제1판 1쇄 2024년 11월 15일

지은이   이은채
펴낸이   한성주
펴낸곳   ㈜두드림미디어
책임편집   김가현, 배성분
디자인   얼앤똘비악(earl_tolbiac@naver.com)

㈜두드림미디어

등록   2015년 3월 25일(제2022-000009호)
주소   서울시 강서구 공항대로 219, 620호, 621호
전화   02)333-3577
팩스   02)6455-3477
이메일   dodreamedia@naver.com(원고 투고 및 출판 관련 문의)
카페   https://cafe.naver.com/dodreamedia

ISBN   979-11-94223-21-4 (03190)